Carmen Wienkamp

Sport während der Schwangerschaft?

Ein Kurskonzept für werdende Mütter

Bibliografische Information der Deutschen Nationalbibliothek:

Die Deutsche Nationalbibliothek verzeichnet diese Publikation in der Deutschen Nationalbibliografie; detaillierte bibliografische Daten sind im Internet über http://dnb.d-nb.de abrufbar.

Impressum:

Copyright © Studylab 2018

Ein Imprint der Open Publishing GmbH, München

Druck und Bindung: Books on Demand GmbH, Norderstedt, Germany

Coverbild: Open Publishing GmbH | Freepik.com | Flaticon.com | ei8htz

Inhaltsverzeichnis

Abkürzungsverzeichnis

Hf.	Herzfrequenz
max.	Maximal/e
TN	Teilnehmerin
ÜL	Übungsleiterin/ Kursleiterin
Wdh.	Wiederholungen

Abbildungsverzeichnis

Tabellenverzeichnis

1 Einleitung und Problemstellung

Die Analyse der Mitgliederzahlen aus dem Jahr 2016 im Sportverein (anonymisiert) zeigt deutlich eine erhöhte Austrittsrate mit 4,5% und einen Tiefpunkt der Neuanmeldungen mit 2,5% der Frauen im Alter von 30 Jahren. Die Zahlen der Männer schwanken in der Altersspanne von 27 bis 33 Jahren nur gering. Die Abb.1 verdeutlicht den starken Unterschied zwischen Männern und Frauen im Alter von 30 Jahren.

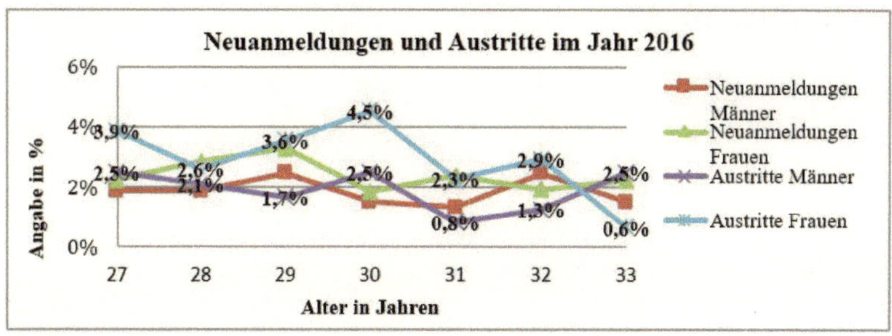

Abbildung 1 Austritte und Neuanmeldungen im Jahr 2016
(anonymisiert)

Das Durchschnittsalter der Mütter bei den Geburten 2015 ist von dreißig Jahren auf 31 Jahren gestiegen (Statistisches Bundesamt, 2017). Somit sind die meisten Frauen mit dreißig Jahren schwanger. Daraus lässt sich ableiten, dass die körperliche Aktivität in der Schwangerschaft abnimmt (Melzer, Schutz, Boulvain & Kayser, 2010, S.493). Wenige Frauen sehen die Schwangerschaft als Chance, ihr Leben gesünder zu gestalten. Ein gesünderes Leben verbinden sie mit Sport und gesunder Ernährung (Melzer et al., 2010, S.493; Korsten-Reck, Marquardt & Wurster, 2009, S.117). Viele Schwangere weisen Ängste auf, dass durch falsche Lebensweise, das ungeborene Kind geschädigt werden könnte (Lehermayr, 2014; Sulprizio et al., 2016, S.12, 32; Wojtyla, Kapka-Skrzypczak, Paprzycki, Skrzypczak & Biliński, 2012, S.320). Hierzu kommen Unsicherheit und das Unwissen über die Art und Menge der Bewegung, die während der Schwangerschaft geeignet ist (Souron, 2013, S.3). Weitere Gründe den Sport einzustellen, sind häufig u.a. Müdigkeit, Übelkeit und Mangel an Energie, was zu einer geringeren Motivation führt (Wojtyla et al., 2012, S.321). Die hohe Anzahl der Kündigungen führen zu einem erhöhten Arbeitsaufwand und somit zu erhöhten Personalkosten. Eine weitere Folge ist der Umsatzverlust, durch die verlorenen Mitglieder (anonymisiert). In dieser Arbeit wird ein Kurskonzept für Schwangere erstellt, um den Sportverein als Experte für die schwangeren Frauen darzustellen. Dadurch können Ängste von Frauen minimiert und optimale, fachgerechte Empfehlungen zum Sport gegeben werden. Das Konzept soll die Kündigungen der Frauen reduzieren und Neuanmeldungen fördern. Ziel ist es, durch die Maßnahme Personalkosten in der Verwaltung einzusparen und Umsatzverluste, durch Kündigungen zu reduzieren. Das Kurskonzept bietet nicht nur dem Verein aus finanzieller Sicht Vorteile, von vielen positiven Aspekten profitieren können auch die werdenden Mütter und die ungeborenen Kinder (The American College of Obstetricians and Gynecologists [ACOG], 2015, S.6).

2 Zielsetzung

Aufgrund der beschriebenen Problematik, der Mitgliederverluste und damit die Einbußen des Umsatzes, ist das Ziel in dieser Arbeit, ein marktfähiges Kurskonzept für schwangere Frauen über einen Zeitraum von acht Wochen zu erstellen. In der Arbeit wird zunächst der aktuelle Kenntnisstand dargestellt, der die allgemeinen Veränderungen, das Training in der Schwangerschaft, sowie die Komplikationen und Vorteile für Mutter und Kind beinhalten. Im weiteren Verlauf werden der Aufbau des Kurskonzeptes und die Analyse der Rahmenbindungen im Sportverein aufgezeigt. Für ein ausgereiftes Kurskonzept wird eine Marktanalyse durchgeführt, um einen Überblick über die Mitbewerber am Markt, mögliche Kooperationspartner und das Kundenpotenzial abzuschätzen. Anschließend wird das Konzept mit Hilfe des 4-P-Modells vermarktet.

3 Gegenwärtiger Kenntnisstand

In diesem Kapitel wird der aktuelle Forschungsstand dargestellt. Zunächst wird die Entwicklung der Geburten zwischen den Jahren 1987 und 2015 dargelegt. Des Weiteren werden die Veränderungen der Frauen während der Schwangerschaft und die aktuellen Kenntnisse zur körperlichen Aktivität in der Schwangerschaft aufgezeigt. Es wird ebenfalls der Erfolg der bereits etablierten Kurskonzepte „Schwangerschaftsgymnastik" und „Geburtsvorbereitungskurse" vorgestellt.

3.1 Allgemeine Zahlen der Geburtenziffern der Bundesrepublik Deutschland zwischen den Jahren 1987 und 2015

Im Jahr 1964 gab es den sogenannten „Baby-Boom". In diesem Jahr wurden fast 1,4 Millionen Geburten gezählt. Danach sank die Geburtenzahl jährlich. Gründe für das stetige sinken der Geburtenzahl war das Umdenken in der Familienplanung (Statistisches Bundesamt, 2012, S.6). Ein weiterer Faktor war die Verbreitung der Antibaby-Pille (Statistisches Bundesamt, 2012, S.6). Zudem hängen die Geburtenzahlen stark von den Frauen im gebärfähigen Alter ab. Durch die Geburt starken Jahrgängen der 1950er und 1960er, sind in den Jahren 1990 und 1997 viele Frauen im gebärfähigen Alter, wodurch die Anzahl der Geburten stieg. Seit 1998 sinkt die Anzahl der Frauen im gebärfähigem Alter und somit auch die Anzahl der Geburten (Fokus, 2017).

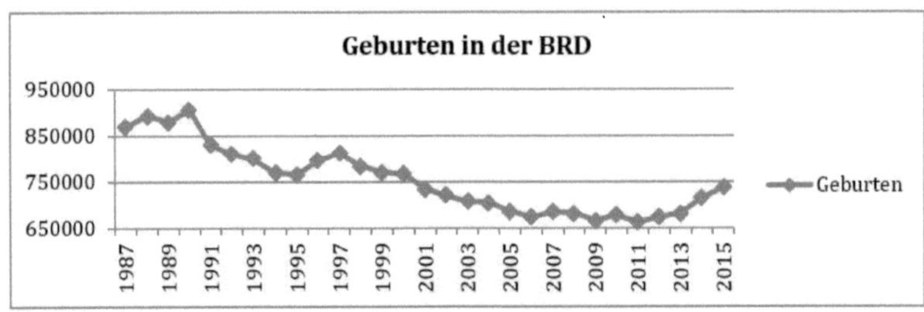

Abbildung 2 Jährliche Geburten in der Bundesrepublik Deutschland (Statistisches Bundesamt, 2017)

Auf der Abb.2 ist ebenso zuerkennen, dass ab 2011 wieder ein Anstieg der Geburten zu verzeichnen ist. Gründe für den Zuwachs sind, dass die Anzahl der Frauen im Alter zwischen 25 und 39 Jahren um 344.000 gestiegen ist. Zudem sind die Kinder aus den geburtsstarken Jahrgängen der 1990 in einem gebärfähigen Alter. Der dritte Grund für eine positive Entwicklung ist die starke Zuwanderung von Migranten, die eine günstige Altersstruktur beeinflussen, indem viele Frauen im gebärfähigen Alter ins Land kommen (Fokus, 2017). Auch die Familienpolitik hat zur Stabilisierung der Geburten in Deutschland beigetragen (Kaiser & Kunz, 2014). Maßnahmen, die beide Elternteile unterstützen, nämlich Beruf und Familie zu vereinbaren, wie z.B. der Ausbau von Kinderbetreuungsstätten zeigten Wirkung (Kaiser & Kunz, 2014).

3.2 Veränderungen der Frau während der Schwangerschaft

In der Schwangerschaft finden anatomische und physiologische und psychische Veränderungen statt (Korsten-Reck et al., 2009, S.117; ACOG, 2015, S.1; Soma-Pillay, Catherine, Tolppanen & Mebazaa, 2016, S.89). Das ganze Organsystem der Mutter wird dadurch verändert (Soma-Pillay et al., 2016, S.89). Zudem haben die Veränderungen Auswirkungen auf die sportliche Leistung (Korsten-Reck et al., 2009, S.117). In den nächsten Punkten werden die Veränderungen in der Schwangerschaft detailliert aufgeführt.

3.2.1 Allgemeine physische Veränderungen

Durch das Baby entstehen erhöhte metabolische Anforderungen an die Mutter, diese werden durch physiologische Veränderungen optimiert (Melzer et al., 2010, S.493). Die größte Veränderung in der Schwangerschaft ist die Gewichtszunahme (ACOG, 2015, S.5; Wojtyla et al., 2012, S.322). Die durchschnittliche Gewichtszunahme, bei einem normalen Body-Mass-Index, liegt zwischen 11kg und 14kg (Blott, 2010, S.68), dies entspricht ca. 15% bis 25% des Körpergewichtes (Korsten-Reck et al., 2009, S.118). Das Gewicht setzt sich aus dem Wachstum des Embryos, Plazenta, erhöhte Menge an Blut, Fruchtwasser, wie vermehrtes Brustgewebe zusammen (Wojtyla et al., 2012, S.322; Lewis, 2014, S.541; Glaser, 2016, S.50). Durch den wachsenden Bauch verändert sich der Körperschwerpunkt. Der Körperschwerpunkt verlagert sich nach vorne, wodurch es zu einer verstärkten Lordose im lumbalen Bereich der Wirbelsäule kommt (Korsten-Reck et al., 2009, S.118; Blott, 2010, S.209; ACOG, 2015, S.5). Mit zunehmendem Gewicht wird die Wirbelsäule, wie die Hüft- und Kniegelenke durch stärkere Scherkräfte belastet (ACOG, 2015, S.5). Außerdem verändert sich die Stabilität der Band-und Halteapparate (Lewis, 2014, S.541). Diese Veränderungen werden im weiteren Verlauf genauer erläutert.

3.2.2 Sportspezifische physische Veränderungen

Durch die Bedürfnisse des Embryos finden Anpassungen im Stoffwechsel, Herz-Kreislauf- und Atmungssystem statt. Zusätzlich verändert sich der Hormonhaushalt (Korsten-Reck et al., 2009, S.117), der wiederum für Veränderungen im Magen-Darm-Trakt, wie auch ligimentale Veränderungen beeinflusst (ACOG, 2016). Im weiteren Verlauf der Arbeit wird genauer auf die einzelnen Systeme, Veränderungen und die Bedeutung für den Sport in der Schwangerschaft eingegangen.

3.2.2.1 Herz-Kreislauf-System

Um das ungeborene Kind und die Mutter ausreichend in Ruhe und während des Sports zu versorgen, sind Anpassungen wie die Erhöhung der Herzfrequenz und das Schlag- und Blutvolumen nötig (ACOG, 2015, S.3). In den ersten acht Wochen der Schwangerschaft finden 20% der Veränderungen statt (Soma-Pillay et al., 2016, S.89). Der Spannungsreiz auf die glatte Muskulatur nimmt durch Wirkung der Schwangerschaftshormone ab, das zur Weitung der Gefäße führt (Korsten-Reck et al., 2009, S.117). Durch den niedrigeren Gefäßwiderstand sinkt der Blutdruck bis zur 24. Schwangerschaftswoche (Glaser, 2016, S.50). Der systolische Druck bleibt relativ stabil und der diastolische Druck sinkt bis zu 15mmHg (Melzer et al., 2010, S.496). Die Herz- und Lungeneffizienz steigt. Die Ruheherzfrequenz erhöht sich anfangs um acht Schläge und bis zum Ende der Schwangerschaft auf 16 Schläge pro Minute (Melzer et al., 2010, S.496). Laut Stauss, Kagan, Grischke, Kiefer & Abele (2009, S.564) steigt die Herzfrequenz im zweiten und dritten Trimester um 20%. Die Herzfrequenz, das Herzschlagvolumen und Herzzeitvolumen verändern sich durch den Anstieg des Plasmavolumens (Korsten-Reck et al., 2009, S.118). Durch die erhöhte Menge des Plasmavolumens sinkt der Hämatokritwert, der zu einer besseren Fließeigenschaft des Blutes führt (Korsten-Reck et al., 2009, S.118). 50% des Anstieges des Plasmavolums erfolgt bis zur 34. Schwangerschaftswoche und erfolgt proportional zum Gewicht des Embryos (Soma-Pillay et al., 2016, S.89). Das Blutvolumen steigt 30% bis 40% (Glaser, 2016, S.50), laut Blott (2010, S.273) sogar um 50% an. Die zusätzliche Menge setzt sich aus ungefähr 1000ml Plasma und 500ml Erythrozyten zusammen (Melzer et al., 2010, S.496). Die Thrombozytenzahl fällt meist in der Schwangerschaft ab, bleibt in der Regel aber noch im Normalbereich. Andere Gerinnungsfaktoren nehmen an Konzentration zu, wodurch das Blut schneller gerinnen kann (Soma-Pillay et al., 2016, S.89). Diese Veränderung wird als Schutzmechanismus bei zu hohen Blutverlusten während der Geburt benötigt (Bun-desärztekammer und Kassenärztliche Bundesvereinigung, 2014). Für die Frau bedeutet das ein erhöhtes Risiko, während und nach der Schwangerschaft eine Thrombose zu entwickeln (Hooman Kamel et al., 2014, S.1308). Das Schlagvolumen steigt bis Ende des ersten Trimesters um 10% an (Stauss et al., 2009, S.564). Die zusätzliche Blutmenge wird benötigt, um die Plazenta und das Kind ausreichend mit Nährstoffen zu versorgen (Glaser, 2016, S.50). Weitere Veränderungen finden im Immunsystem statt. Das Immunsystem wird geschwächt, um das Baby nicht abzustoßen (Blott, 2010, S.159). Sportliche, aktive Schwangere haben im Vergleich zu inaktiven Frauen einen niedrigeren Ruhepuls und ein verstärktes Herzschlagvolumen (Melzer et al., 2010, S.497). Während oder nach Ende der körperlichen Belastung entsteht ein leichter Anstieg der fetalen Herzfrequenz (Stauss & et al., S.565). Regelmäßige Bewegung regt das Herz-Kreislaufsystem an (Carta, 2016, S.45) und beugt das Risiko einer Thrombose vor (Glaser, 2016, S.51; Korsten-Reck et al. 2009, S.118).

3.2.2.2 Atmungssystem

In der Schwangerschaft kommt es aufgrund eines 20%igen erhöhten Sauerstoffverbrauchs und einer 15%igen Erhöhung der metabolischen Rate durch das Ungeborene zu einem erhöhten Sauerstoffbedarf (Soma-Pillay et al., 2016, S.92). Im letzten Trimester ist der Sauerstoffbedarf um 20% erhöht, um die eigenen Organe, wie z.B. die Plazenta, aber auch den Fötus ausreichend zu versorgen (Glaser, 2016, S.50; Blott, 2010, S.145). Der erhöhte Sauerstoffbedarf wird durch einen verstärkten Gasaustausch in den Lungen gedeckt (Korsten-Reck et al., 2009, S.118). Das Atemzugvolumen steigt bis auf 50% an (Korsten-Reck et al., 2009, S.118; ACOG, 2015, S.4). Die Atemfrequenz dagegen verändert sich nur minimal (Glaser, 2016, S.50). Dadurch kommt es bei der Mutter zu einem Anstieg der arteriellen pO2 und zum Sinken des arteriellen pCO2. Hieraus entsteht eine leichte Atemalkalose, die in der Schwangerschaft normal ist (Weissgerber, Wolfe & Davies, 2004, S.34; Soma-Pillay et al., 2016). Die Lungenreserve nimmt in der Schwangerschaft ab (ACOG, 2015, S.4; Stauss et al., 2009, S.564). Somit sind intensive Trainingseinheiten im anaeroben Bereich nicht zu empfehlen. Es sollte immer eine ausreichende Luftversorgung gewährleistet sein (ACOG, 2015, S.4). Durch aerobes Training während der Schwangerschaft, kann die maximale Sauerstoffaufnahmefähigkeit verbessert werden (ACOG, 2015; Melzer et al., 2010, S.497). Um die Plazenta, das Kind und die eigenen Organe ausreichend mit Sauerstoff zu versorgen, sollte in der Schwangerschaft flaches Einatmen vermieden werden (Blott, 2010, S.106).

3.2.2.3 Magen-Darm-Trakt

Der Magen-Darm-Trakt wird durch die Hormone und die mechanischen Veränderungen beeinflusst. Durch den Einfluss der Schwangerschaftshormone wird das Verdauungssystem verlangsamt. Das Hormon Relaxin führt zur Schlaffung der Magenschließmuskulatur, was zu Sodbrennen führen kann (Blott, 2010, S.468). Durch das Wachsen des Babys im Bauch, wird der Magen nach oben verschoben (Soma-Pillay et al., 2016, S.93). Des Weiteren drückt das Baby im Laufe der Schwangerschaft verstärkt auf den Magen-Darm-Trakt. Das Fassungsvolumen des Magens verkleinert sich, wie auch die Menge die den Darm passieren kann (Blott, 2010, S.468). Das Verdauungssystem arbeitet langsamer, der Stuhl verweilt länger im Darm, wodurch mehr Wasser entzogen wird. Somit steigt die Gefahr einer Obstipation, spricht Verstopfung (Kittlas, 2015; Eipeltauer, o.J.). Sport und regelmäßige Bewegung regen die Verdauung an und reduzieren das Risiko einer Obstipation (Blott, 2010, S.468).

3.2.2.4 Stoffwechsel

Der Stoffwechsel steigt in der Schwangerschaft stetig. Im Durchschnitt ist der Kalorienverbrauch um 200-300kcal erhöht (Blott, 2010, S.80). Der erhöhte Grundumsatz führt zu einer Steigerung der Wärmeproduktion, wodurch die Körpertemperatur minimal steigt (Stauss et al., 2009, S.564). Eine optimale Entwicklung des Embryos kann durch eine vermehrte Zufuhr an Eiweiß ermöglicht werden (Soma-Pillay et al., 2016, S.93). In der Schwangerschaft kommt es im mütterlichen Blut zu einer erhöhten Konzentration der Triglyceride und des Low Density Lipoprotein (kurz: LDL) Cholesterin. Die Aktivität der Lipoprotein-Lipase nimmt ab, wodurch weniger mütterliches Fettgewebe aufgebaut wird (Soma-Pillay et al., 2016, S.94). Überschüssiges Fettgewebe der Mutter wird abgebaut (Blott, 2010, S.77) und die Leber stellt mehr Triglyercide her, um den Energiebedarf der Mutter abzudecken. Durch die veränderte Stoffwechsellage der Mutter, steht mehr Glukose für das Kind bereit. Das vermehrte LDL-Cholesterin wird in der Plazenta verwendet (Soma-Pillay et al., 2016, S.94). Eine weitere Stoffwechselveränderung der Mutter findet im Glukosestoffwechsel statt, der durch Schwangerschaftshormone beeinflusst wird. Die Mutter entwickelt eine erhöhte Insulinresistenz und es kommt zu einer Sekundär vermehrten Insulinausschüttung (Korsten-Reck et al., 2009, S.118; Hummel, 2014, S.12). Die Insulinresistenz führt zu einer schlechteren Glukoseaufnahme in den Muskelzellen, wodurch der Blutzuckerspiegel ansteigt. Somit ist das Risiko einer Schwangerschaftsdiabetes erhöht (Wojtyla et al., 2012, S.315). In Deutschland entwickeln 5-10% der Schwangeren einen Diabetes

Mellitus (Korsten-Reck et al., 2009, S.118). Der Insulinbedarf steigt bis zum Vierfachen an, um die Energiezufuhr zum Embryo zu optimieren (Hummel, 2014, S.12). Regelmäßige Bewegung verbessert die Insulinresistenz und die Wirkung des Insulins, wodurch das Risiko einer Gestationsdiabetes sinkt (American College of Obstetricians und Gynecologists, 2015; Hutter, 2013). Der Blutzuckerspiegel sinkt bei schwangeren Frauen im Vergleich zu nicht schwangeren Frauen schneller ab. Bei moderatem Sport über 40 Minuten konnte keine Hypoglykämie verzeichnet werden (Melzer et al., 2010, S.500). Frauen die während der Schwangerschaft Sport treiben, sollten im dritten Trimester zusätzlich nochmals 150kcal mehr verzehren, um eine Hypoglykämie auszuschließen (Blott, 2010, S.282).

3.2.2.5 Hormonelle Veränderungen

Zu den Schwangerschaftshormonen gehören humanes Choriongonadotropin, Progesteron und Östrogen und werden während der Schwangerschaft in der Plazenta gebildet und in den Blutkreislauf abgegeben (Datapharm, 2006). Die Progesteronproduktion muss anfangs vom humanes Choriongonadotropin angeregt werden (Voos, 2017). Sie sind verantwortlich für die Aufrechthaltung und den richtigen Ablauf der Schwangerschaft (Gumpert, 2017). Das Östradiol ist der Hauptvertreter der Östrogene und beeinflusst die Psyche, wie das weibliche Erscheinungsbild (Datapharm, 2006). Ein weiterer Vertreter ist das Östriol, dieses fördert das Wachstum der Brustdrüsen und die Einlagerung von Fettgewebe in den Brüsten (Gumpert, 2017; Blott, 2010, S.145). Zudem fördert Östriol den Aufbau der Muskeldicke in der Gebärmutter. Neben der Aufrechthaltung der Schwangerschaft ist Progesteron für die Einleitung der Geburt zuständig (Gumpert, 2017). Des Weiteren bewirkt es die Zunahme der Gebärmutterschleimhaut und erleichtert das Einnisten der befruchteten Eizelle (Datapharm, 2006). Darüber hinaus wird der Zervixschleim zäher und verschließt den Muttermund (Gumpert, 2016). Progesteron bereitet die Brust ebenfalls auf die anstehende Milchbildung vor (Datapharm, 2006). Durch das Hormon wird die Kaliumausscheidung über die Nieren reduziert, um den Kaliumbedarf des Kindes zudecken (Soma-Pillay et al., 2016). Das humanes Choriongonadotropin wird kurz Beta-HCG genannt (Voos, 2017). Das Hormon hat seine Aufgaben besonders in der frühen Schwangerschaft. Es fördert eine verbesserte der Durchblutung der Gebärmutter, unterstützt die Einnistung der Eizelle, verhindert die Abstoßung des Embryos und trägt zur Entwicklung der Nabelschnur und der Organentwicklung bei (Gumpert, 2017). Die hohe Konzentration im ersten Trimester des Hormons Beta-HCG, ist für die Übelkeit in der Schwangerschaft verantwortlich (Blott, 2010, S.111). Keine direkten

Schwangerschaftshormone sind Prolaktin und Oxytocin, da sie nach der Geburt vermehrt produziert werden (Datapharm, 2016; Gumpert, 2017). Diese Hormone werden in der Hirnanhangdrüse gebildet und ausgeschüttet. Das Prolaktin regt die Milchbildung in der Brust weiter an und unterdrückt den Eisprung, um in der Stillphase vor einer erneuten Schwangerschaft zu schützen (Gumpert, 2017; Suda et al., 2008 zitiert nach Sulprizio et al., 2016, S.84). Oxytocin wird vermehrt zum Ende der Schwangerschaft ausgeschüttet, um die Wehentätigkeit zu fördern. Außerdem wird ein reflektorisches Zusammenziehen der Muskelzellen der Milchgänge beeinflusst, wodurch Milch aus der Brust abgegeben wird (Datapharm, 2016). Für die Rückbildung der Gebärmutter spielt das Hormon ebenfalls eine Rolle (Gumpert, 2017). Relaxin ist ein Peptidhormon (Soma-Pillay et al., 2016, S.93). Es lockert Sehnen, Bänder und das Bindegewebe (Korsten-Reck, 2009 et al., S.118; Blott, 2010, S.209). Nur so kann sich das Zwerchfell ausdehnen, um dem Kind den benötigten Platz zum Wachsen geben (Blott, 2010, S.209). Durch die Lockerung der Sehnen, Bänder und Bindegewebe wird das Becken flexibler und der Beckenring weitet sich. Dies ist für den Geburtsvorgang wichtig, damit das Kind leichter hindurch gleiten kann (Korsten-Reck et al., 2009, S.118; Sulprizio et al., 2016, S.84). Da das Relaxin auf alle Bänder und Sehnen im Körper wirkt, beeinflusst es auch die Stabilität der Wirbelsäule und die Gelenke im Körper. Der Bewegungsspielraum der Gelenke und der Bandscheiben ist vergrößert, wodurch es zu Fehlstellungen und falschen Haltungen kommen kann (Melzer et al., 2010, S.499; Blott, 2010, S.209). Die Auswirkungen auf die Gelenke, der Bandscheiben, der Bänder und der Sehnen müssen bei der Übungsauswahl des Kursprogrammes berücksichtig werden (Blott, 2010, S.159).

3.2.3 Psychische Veränderungen

Die hormonellen, wie auch die körperlichen Veränderungen nehmen Einfluss auf die Psyche (Korsten-Reck et al., 2009, S.118). Nach dem Schwangerschaftstest werden viele Emotionale Stadien durchgemacht, die von Glücksgefühlen bis hin zu Ängsten reichen (Pięta, Jurczyk, Wszołek & Opala, 2014, S.661). Die neue Situation als werdende Mutter kann Ängste und Stimmungsschwankungen auslösen und bis zur Depression führen (Korsten-Reck et al., 2009, S.118; Pięta et al., 2014, S.662). Weitere Faktoren, die die Psyche beeinflussen sind Antriebslosigkeit, Übelkeit und Müdigkeit (Korsten-Reck et al., 2009, S.118). Frauen die sich regelmäßig bewegen sind ausgeglichener und Stimmungsschwankungen treten seltener auf. Allgemein ist das Wohlbefinden höher und postpartale Depressionen treten seltener auf. Die Frauen kommen insgesamt mit den Veränderungen in der

Schwangerschaft besser zurecht, wodurch die Beziehung zwischen Kind und Mutter gestärkt wird (Korsten-Reck et al., 2009, S.119).

3.2.4 Typische Beschwerdebilder während der Schwangerschaft

Im ersten Trimester, wie im dritten Trimester treten die meisten Schwangerschaftsbeschwerden auf. Das zweite Trimester ist für die Frauen am angenehmsten, da die Beschwerden nachlassen und der Bauch den Alltag nicht beeinflusst (The American College of Sports Medicine, 2006). Typische Beschwerden im ersten Trimester sind Müdigkeit, Übelkeit, Erbrechen, Stimmungsschwankungen und Ängste (The American College of Sports Medicine, 2006; Kessler, 2008, S.20, 24; Pięta et al., 2014, S.662; Kittlas, 2015). An Übelkeit und Erbrechen leiden ca. 50-90% aller schwangeren Frauen (Soma-Pillay et al., 2016, S.92). Schlafprobleme entstehen durch vermehrten Harndrang oder Heißhungerattacken in der Nacht (Kessler, 2008, S.21, 82, 84; Kittlas, 2015). Schwindelanfälle treten besonders nach Liegephasen auf (Blott, 2010, S.95) und entstehen durch die erhöhten Anforderungen an das Herz-Kreislaufsystem, den niedrigen Blutdruck oder durch einen niedrigen Blutzuckerspiegel (Kessler, 2008, S.85; Glaser, 2016, S.50). Häufig leiden die Frauen zudem im ersten Trimester unter Kopfschmerzen, verursacht unter anderem durch Flüssigkeitsmangel (Blott, 2010, S.466). Flüssigkeitsansammlungen führen zu angeschwollenen Gelenke, vor allem in Händen und Füßen (Kessler, 2008, S.83; Blott, 2010, S.467; Kittlas, 2015). Die verbesserte Durchblutung und die Vorbereitung der Milchproduktion, führt zu sehr sensiblen Brüsten, die häufig spannen und bei Berührungen schmerzen (Blott, 2010, S.467). Eine verstopfte Nase kann eine Folge des geschwächten Immunsystem sein (Blott, 2010, S.159). Krampfadern und Besenreiser treten durch geringen Gefäßwiederstand und starker Durchblutung auf, wodurch es zusätzlich zu Nasen- und Zahnfleischbluten kommen kann (Kessler, 2008, S.29, 49; Kittlas, 2015; Eipeltauer, o.J.). Zudem ist der Säuregehalt im Speichel erhöht, wodurch der Zahnschmelz stärker angegriffen wird (Kessler, 2008, S.29). Müdigkeit ist die Folge zahlreicher Beschwerden und zusätzlicher körperlicher Belastung, die durch die zahlreichen Veränderungen und Anpassungen im Körper stattfinden (Blott, 2010, S.466). Ab dem zweiten Trimester können, wie bereits unter dem Punkt 3.2.2.3 „Magen-Darm-Trakt" erwähnt, Verdauungsprobleme wie Sodbrennen und Obstipation auftreten (Blott, 2010, S.468). Wie im zweiten, nehmen auch im dritten Trimester mit zunehmenden Körpergewicht, Veränderung des Körperschwerpunktes und die Lockerung der Bänder- und Halteapparate die Beschwerden zu (Blott, 2010, S.209, 249, 469). Schmerzen im Lumbalgien-, Symphysen- oder Steißbeinschmerzen treten auf (Kessler, 2008, S.102; Glaser, 2016, S.50; Kittlas, 2015). Laut The American College of Sports Medicine (2006) leiden 50-90% der Frauen an Rückenschmerzen. Besonders bei übergewichtigen Frauen, die während der Schwangerschaft durch das Baby noch weiter an Gewicht zunehmen, besteht die Gefahr, das Rücken-, Hüft- und Knieschmerzen chronisch werden (The American College of Sports Medicine, 2006). Ungünstige Körperhaltung und Heben mit ungünstigen Hebelverhältnissen oder ruckartigen Bewegungen können zum Einklemmen des Ischiasnervs beitragen (Blott, 2010, S.470). Typisch in der Schwangerschaft sind vor allem im dritten Trimester die Schwangerschaftsstreifen, die durch zu schnelle Dehnung der Haut entstehen (Kessler, 2008, S.47; Kittlas, 2015). Weitere Beschwerden im letzten Trimester sind erneute Schlafproblemen durch den vergrößerten Bauchumfang, die Aktivität des Babys und erhöhten Harndrang (Blott, 2010, S.307). Kurzatmigkeit und Stressinkontinenz können ebenfalls auftreten (Kessler, 2008, S.85; Kittlas, 2015; Soma-Pillay et al., 2016, S.92).

3.2.5 Negative Auswirkungen durch psychische Belastung auf das ungeborene Kind

Die Schwangerschaft ist für die Frau eine sehr stressige Phase im Leben. Bei einigen Frauen treten ernste psychologische Veränderungen auf (Sadeghi, Sirati-Nir, Ebadi, Aliasgari & Hajiamini, 2015, S.655). Stimmungsschwankungen, Ängste und Zweifel sind in der Schwangerschaft normal. Jedoch ist das Risiko an einer psychischen Störung zu erkranken in der Schwangerschaft erhöht (The American College of Sports Medicine, 2006; The American College of Obstetricians and Gynecologists, 2002 zitiert nach Pięta et al., 2014). An Angststörungen oder Depressionen leiden 10-15% der Schwangeren (Sadeghi et al., 2015, S.655). Zahlreiche Faktoren, wie z.B. das veränderte Körperbild, Schlafprobleme, allgemeine Sorgen, Veränderungen im Alltag und neue Rollenbilder beeinflussen die Psyche (The American College of Sports Medicine, 2006). Aber auch die Schwangerschaftshormone wirken auf das Stressreaktionssystem (The American College of Sports Medicine, 2006). Zwischen der Mutter und dem Kind besteht eine Schranke, die den Durchgang von Cortisol verhindert. Bei Stress wird vermehrt Cortisol produziert und die Barriere geschwächt. Die Folge: Kommt es in stressigen Situationen zur vermehrten Cortisoltransportation zum Kind (Pięta et al., 2014). Der Fötus ist sehr empfindlich und reagiert auf physiologische und psychische Veränderungen der Mutter. Psychische Belastungen führen zu einem Anstieg der mütterlichen Herzfrequenz und die Zunahme des diastolischen Blutdrucks. Dadurch nimmt die basale fetale Herzfrequenz ebenso zu (Akbarzade, Rafiee, Asadi & Zare, 2015, S.52). Folgen von Ängsten, Depressionen oder anderen psychischen Problemen sind häufig Frühgeburten mit niedrigem Geburtsgewicht (Pięta et al., 2014; Akbarzade et al., 2015, S.52). Im schlimmsten Fall führen die psychischen Belastungen zu einem Verlust des Kindes (Akbarzade et al., 2015, S.52). Zusätzlich besteht ein erhöhtes Risiko, dass die Entwicklung wie z.B. das Nervensystem des Embryos beeinträchtigt wird (Pięta et al., 2014; Akbarzade et al., 2015, S.52). Dadurch können Entwicklungsstörungen auf physiologischer und psychischer Ebene des Kindes im späteren Leben entstehen (Pięta et al., 2014). Diese können sich bemerkbar machen durch Hyperaktivität, Autismus oder Störungen in Schrift und Wort (Akbarzade et al., 2015, S.52). Psychische Belastung während der Schwangerschaft führt zu mütterlichen Gewichtsverlusten, wodurch das Immunsystem von Mutter und Kind zusätzlich geschwächt wird. Somit ist das Infektionsrisiko des Neugeborenen ist erhöht (Sadeghi et al., 2015, S.660). Andere Probleme die durch unbehandelte Angststörungen oder Depressionen hinzukommen, sind Gedanken der Abtreibung (Sadeghi et al., 2015, S.660), Alkohol- oder Drogenkonsum und das Nichtwahrnehmen von Vorsorgeuntersuchungen (The American College of Sports Medicine, 2006). Psychische Belastungen, die durch eine mangelnde Beziehung zum Lebenspartner oder Familie vorliegen, können die Bindungsbeziehung zum Kind erschweren. Die Folge kann sein, dass die Mutter ihr Baby nach der Geburt nicht anerkennt und es zu einer postpartalen Depression kommt (The American College of Sports Medicine, 2006). Positive Ereignisse im Leben der Mütter, wie z.B. durch Bewegung, senken den Cortisolspiegel (Pięta et al., 2014). Unter anderem zeigt die Studie von Akbarzade et al. (2015, S.51), dass regelmäßige Bewegung Stress und Müdigkeit reduziert und die Stimmung verbessert. Somit wirkt sich regelmäßige Bewegung positiv auf Depressionen und Angstzustände aus. Das Selbstwertgefühl, die Wahrnehmung und das Verständnis für eine gesunde Lebensweise steigen (The American College of Sports Medicine, 2006).

3.3 Training in der Schwangerschaft

Wie bereits erwähnt, müssen die Veränderungen in der Schwangerschaft bei der Sportauswahl berücksichtig werden (ACOG, 2016). Körperliche Aktivität während der Schwangerschaft hat nur minimale Risiken. Die meisten Frauen und Babys profitieren von den zahlreichen Vorteilen (ACOG, 2015). In diesem Punkt wird der aktuelle Forschungsstand in Bezug auf Sport in der Schwangerschaft aufgeführt.

3.3.1 Aktueller Forschungsstandes über Sport in der Schwangerschaft

Das American College of Obstetricians and Gynecologists (kurz: ACOG) veröffentlichte im Jahr 2002 Bewegungsempfehlungen für Schwangere zum Thema Sport (Melzer et al., 2010, S.498). Unterstützt werden die Richtlinien von der Gesellschaft der Geburtshelfer und Gynäkologen von Kanada (kurz: SOGC) und der kanadischen Gesellschaft der Übungsphysiologie (kurz: CSEP) (Melzer et al., 2010, S.499). Aufbauende Richtlinien kommen vom amerikanischen College of Sports Medicine-Centres of Disease Control and Prevention (kurz: ACSM-CDC) (Melzer et al., 2010, S.499). Die Empfehlungen von ACOG werden heute noch offiziell anerkannt (Reiners & Schwennicke, 2015, S.236). Für schwangere Frauen wird ein moderates Training mehrmals die Woche empfohlen, welches sowohl für Mutter und Kind unbedenklich ist (Falkowski, 2011, S.1; Lewis, 2014, S.541). Nach den Vorgaben der ACOG von 2002 entspricht moderates Training eine Intensitäten von 60-90% der maximalen Herzfrequenz (Falkowski, 2011, S.1). Nach den Richtlinien des ACSM-CDC wird moderates Training in metabolische Äquivalente (METs) angegeben. Moderates Training entspricht einer Intensität zwischen drei und sechs METs, dies entspricht z.B. Gehen zwischen 4-5km/h (Melzer et al., 2010, S.499; Korsten-Reck & Wanke, 2011). Empfohlen werden ca. 150 Minuten Bewegung über die Woche verteilt (ACOG, 2016), in denen die Dauer und Intensität dem Trainingslevel der Frau angepasst sein sollten. Anfängern wird empfohlen, die Intensität und die Dauer der Trainingseinheiten langsam zu steigern. Hilfreich ist es, zunächst täglich mit 10 Minuten Bewegung zu starten und wöchentlich die Dauer um fünf Minuten pro Einheit zu steigern, bis ungefähr 30-45 Minuten drei bis fünf Mal die Woche, für Trainierte bis 60 Minuten erreicht wird (ACSM-CDC zitiert nach Melzer et al., 2010, S.499; ACOG, 2015). Sportliche Frauen können das Training in der Regel bedenkenlos fortführen (ACOG, 2016). Ebenso können auch Hochleistungssportlerinnen durch kleine Einschränkungen den Sport weiterführen (Falkowski, 2011, S.1). Frauen die an Wettkämpfen teilnehmen, sollten ausreichend Flüssigkeit und Kalorien zuführen, um einen Hydration und Hypoglykämie vorzubeugen (Korsten-Reck et al., 2009, S.120). Bei Sportlerinnen im Wettkampf ist eine intensive Betreuung sinnvoll, um Überlastungen vorzubeugen (ACOG, 2015, S.5). In der Studie von Szymanski und Satin, von der Johns Hopkins Universität Baltimore stellte sich heraus, dass bei einer mittleren Belastung, sprich 40-59% der maximalen Herzfrequenz, die Sauerstoffversorgung zum Kind nicht beeinflusst wird. Eine solch mittlere Belastung könnte z.B. ein Laufbandtraining von 30 Minuten sein (Deutsche Gesellschaft für Ultraschall in der Medizin, 2012, S.8). Bei intensiver Belastung, zwischen 60-84% der maximalen Herzfrequenz, also bei über 30 Minuten auf dem Laufband kam es zu einer Veränderung der Blutflusswerte in der Nabelschnur. Laut den Autoren war das Kind auch bei intensiven Belastungen nie einer Mangelversorgung ausgesetzt (Szymanski & Satin, 2012). Leet und seine Kollegen (2003 zitiert nach Sulprizio et al., 2016, S.107) beschreiben, dass bei extremem Sport in der Spätschwangerschaft das Geburtengewicht niedriger ist. Die Deutsche Gesellschaft für Sportmedizin und Prävention empfiehlt daher eine langsame Reduktion aller sportlichen Betätigungen ab dem zweiten Trimester der Schwangerschaft (Stauss & et al., S.565). Auf empfehlenswerte sowie ungeeignete Sportarten wird im Punkt 3.3.4 „Geeignete und ungeeignete Sportarten in der Schwangerschaft" genauer eingegangen. Die Intensität des Trainings variiert nach Alter, Leistungslevel und subjektiven Empfinden der Mutter während der Schwangerschaft (Souron, 2013, S.4). Bei einer passenden Intensität steigt die Herzfrequenz an und die Frauen fangen an zu schwitzen. Zur Messung der richtigen Intensität könne der Rede-Test, die Borg-Skala oder die Messung der Herzfrequenz verwendet werden. Beim Rede-Test sollten die Schwangeren immer in der Lage sein, sich ohne Probleme zu unterhalten (Korsten-Reck et al., 2009, S.120; Blott, 2010, S.106; ACOG, 2016). Die Borg-Skala arbeitet mit dem subjektiven Belastungsempfinden. Auf der Skala zwischen 6-10 sind die Bewegungen sehr leicht und entsprechen der Belastung im Warm-up, zwischen 11-15 auf der Skala bewegt man sich im Grundlagentraining, 16-20 auf der Skala beschreibt eine intensive Belastung (Borg, 2004, S.1016). Die Schwangeren können sich im Hauptteil des Trainings zwischen 12-14 auf der Borg-Skala bewegen (Korsten-Reck et al., 2009, S.120). Diese Möglichkeiten gewährleisten, dass das Training im aeroben Bereich durchgeführt wird (Korsten-Reck et al., 2009, S.120), um das Kind ausreichend mit Sauerstoff zu versorgen (ACOG, 2015, S.5). Regelmäßige Bewegung unterstützt einen normalen Schwangerschaftsverlauf (Wojtyla et al., 2012, S.315) und optimiert die Geburtsvorbereitung (Höfer & Szász, 2016, S.49). Viele Studien u.a. von Voigt et al. (2008, S.201) und Lamina & Agbanusi (2013, S.59) bestätigen die Vorteile von Bewegung in der Schwangerschaft. Ziel der körperlichen Aktivität ist eine allgemeine Fitness aufzubauen oder vorhandene Fitness zu erhalten (Melzer et al., 2010, S.499). Im weiteren Verlauf der Arbeit werden die Vorteile für Mutter und Kind detailliert beschrieben. Die Studie von Price, Amini und Kappeler (2012, S.2263) hat die Vorteile und möglichen Risiken der aeroben Bewegungen während der Schwangerschaft nach den Empfehlungen der ACOG von 2002 untersucht. Die Autoren konnten darlegen, dass inaktive Frauen, die in den ersten 12-14 Wochen mit regelmäßiger Bewegung anfingen, die allgemeine Fitness steigerten und verbesserte Geburtsergebnisse zeigten. Um angemessene Sportempfehlungen treffen zu können, ist die Beratung in der Schwangerschaft wichtig, um Risikoschwangerschaften und Komplikationen aufzudecken und zu bewerten (Korsten-Reck et al., 2009, S.120; ACOG, 2015, S.6). Auf Risiken und Komplikationen die beim Sport in der Schwangerschaft auftreten können, wird im Punkt 3.3.9 genauer eingegangen. Die Empfehlungen der ACOG beziehen sich in diesem Zusammenhang auf gesunde, unkomplizierte Schwangerschaften (ACOG, 2015, S.6). Obwohl Sport in der Schwangerschaft positive Auswirkungen auf Mutter und Kind hat, hat die Deutsche Sporthochschule Köln durch eine Fragenbogenstudie festgestellt, dass 22% der Gynäkologen von Sport abraten (Falkowski, 2011, S.1). Gründe dafür sind die Angst, falsche Empfehlungen zu geben und schlimmstenfalls von Schwangeren verklagt zu werden, falls die Schwangerschaft einen unerwünschten Verlauf nimmt (Falkowski, 2011, S.1). Nur ein kleiner Teil der schwangeren Frauen schafft es die empfohlene Menge an Bewegung umzusetzen. In den USA schaffen es knapp 16% aller Schwangeren (Melzer et al., 2010, S.500). Gründe für mangelnde Bewegung sind unter anderem Unwohlsein, physiologische und morphologische Veränderungen (Melzer et al., 2010, S.500). Sportlich aktive Frauen die in der Schwangerschaft Bewegung unterbinden, durchlaufen negative physiologische Veränderungen und Anpassungen an die Umgebung. Der Sauerstoffbedarf sinkt, die Durchblutung verschlechtert sich und die Muskelmasse der Schwangeren nimmt in dieser inaktiven Zeit ab. Nach ein bis zwei Wochen können schon negative Veränderungen der Herzfrequenz und Lungenfunktion gemessen werden (Melzer et al., 2010, S.495). In diesem Kontext kann es dazu kommen, dass vorher sportliche Frauen nach der Schwangerschaft, bis auf den Leistungsstand der inaktiven Frauen abbauen. Obendrein werden die Wehen und die Geburt ohne die empfohlene Bewegung als stressiger und schmerzhafter wahrgenommen. Der Körper ist während den Wehen und der Geburt einem sehr hohen Stresspegel ausgesetzt, den der Körper ohne Sport nicht gewohnt ist. Sport steigert somit ebenfalls die Stresstoleranz. Regelmäßige Bewegung führt zu positiven Anpassungen des Herz- Kreislaufsystems, verbessert die Stressbewältigung und somit auch eine bessere Verarbeitung von Wehen und Geburt (Melzer et al., 2010, S.495; Reimers und Schwennicke, 2015, S.236). Wichtig ist, dass die Frauen beim Sport auf ihren Körper hören und Warnsignale wahrnehmen (Blott, 2010, S.125). Zu solchen Warnsignalen gehören Beschwerden wie u.a. Schwindel, Kopfschmerzen oder schmerzhafte Kontraktionen. In diesem Fall muss der Sport sofort abgebrochen werden (Blott, 2010, S.135; ACOG, 2015, S.4). Bei sehr starken Beschwerden, wie z.B. Blutungen sollte ein Arzt aufgesucht werden. Treten im ersten Trimester Beschwerden wie Blutungen auf, ist Sport in der Regel nicht der Auslöser (Blott, 2010, S.135). Verletzungen von außen sind im ersten Trimester am geringsten, da das Ungeborene gut geschützt hinter den Symphysen liegt. Im zweiten und dritten Trimester ist das Risiko aufgrund des Wachstums des Fötus erhöht (Korsten-Reck et al., 2009, S.119). Ab der 20. Schwangerschaftswoche nimmt das Bauchvolumen langsam zu. Damit der Bauch sich ausdehnen kann, beeinflussen die Hormone die Abschwächung der Muskulatur. Um die Dehnung nicht zu unterbinden, sollten die geraden Bauchmuskeln nicht mehr trainiert werden (Carta, 2016, S.45). Das Liegen auf der rechten Körperseite ist ab der 20. Schwangerschaftswoche zu empfehlen, um Durchblutung der Blutgefäße zwischen Gebärmutter und Wirbelsäule nicht zu stören (Tomasits & Haber, 2016, S.143). Sportliche Frauen passen das Training meist von selbst an. Sie wählen andere Sportarten und reduzieren die Dauer oder die Intensität, um Verletzungen zu vermeiden (Melzer et al., 2010, S.500). Kraftbetonte Übungen im dritten Trimester bei einer Zwillingsschwangerschaft sind nicht geeignet, aufgrund der besonders anstrengenden Phase der werdenden Mutter. Die Frauen müssen mehr Gewicht als bei einer Einfach-Schwangerschaft tragen und der Bauchumfang ist ebenfalls größer (Blott, 2010, S.306). Wenn Frauen über die positive Wirkung von Bewegung und Gesundheit für Baby und Mutter informiert werden, wäre die Motivation in der Schwangerschaft höher körperlich aktiv zu werden. Inaktive Frauen entwickeln in der Schwangerschaft ein erhöhtes Gesundheitsbewusstsein, wodurch die Motivation für eine gesunde Ernährung und sportliche Betätigung steigt (Korsten-Reck et al., 2009, S.119).

3.3.2 Vorteile für Mutter in der Schwangerschaft

Die werdende Mutter profitiert von körperlicher Bewegung während der Schwangerschaft sehr. Bewegung ist wichtig, um die psychische und physische Fitness, wie Herz-Kreislauffunktionen, aufrecht zu halten (The American College of Sports Medicine, 2006; Korsten-Reck et al., 2009, S.117; Wojtyla et al., 2012, S.315) und die Muskulatur zu stärken (Melzer et al., 2010, S.493, 501; ACOG, 2015, S.3). Durch die Bewegung können typische Schwangerschaftsbeschwerden u.a. Übelkeit, Verdauungsprobleme und Ödembildung reduziert werden (Blott, 2010, S.95; Melzer et al., 2010, S.501; Höfer & Szász, 2016, S.54). Sportlerinnen bestätigen, dass sie während der Sporteinheiten nicht an Übelkeit litten und den Moment beschwerdefrei genießen konnten (Blott, 2010, S.111). Beschwerden wie Rückenschmerzen lassen durch Sport enorm nach (Blott, 2010, S.95; Wojtyla et al., 2012, S.315; ACOG, 2015). Selbst chronische muskuläre Beschwerden und Verspannungen können durch regelmäßige Bewegung gelöst werden (The American College of Sports Medicine, 2006; Höfer & Szász, 2016, S.54). Wie bereits im Punkt 3.2.3 „psychische Veränderungen" angesprochen, reduzieren die Frauen durch das Ausschütten von Glückshormonen beim Sport psychische Probleme und sind ausgeglichener (Melzer et al., 2010, S.501; Lewis, 2014, S.541; Carta, 2016, S.45). Die körperliche Aktivität legt die Gedanken von Sorgen und Ängsten ab und es wird weniger gegrübelt (Akbarzade et al., 2015, S.53). Weitere Vorteile sind, dass das Gewichtsmanagement unterstützt wird und somit Übergewicht, Schwangerschaftsdiabetes, Hypertonie und das Risiko einer Präeklampsie reduziert (Melzer et al., 2010, S.501; ACOG, 2016). Übergewichtige Frauen können durch Erreichen eines normalen Gewichtes, durch regelmäßige Bewegung, die zuvor erhöhte Fehlgeburtsrate reduzieren (Korsten-Reck, 2009, S.3). Zudem zeigten sportliche Schwangere unkompliziertere Geburtsverläufe. Daher ist der Einsatz von Geburtszangen oder Saugglocken und die Anzahl der Kaiserschnitte reduziert (Melzer et al., 2010, S.493, 502; ACOG, 2016). Die Wehendauer und die Erholungszeit nach der Geburt sind häufig verkürzt (Korsten-Reck et al., 2009, S.120; Lewis, 2014, S.541). Außerdem erreichen sportliche Frauen das alte Gewicht schneller wieder (ACOG, 2016).

3.3.3 Vorteile für das ungeborene Kind in der Schwangerschaft

Bei sportlicher Betätigung der Mutter in der Schwangerschaft, profitiert das ungeborene Kind ebenso (Melzer et al., 2010, S.501). Das Baby profitiert von kurzfristigen und langfristigen Vorteilen (The American College of Sports Medicine, 2006). Frauen, die besonders in der Frühschwangerschaft sportlich sind, zeigten eine verbesserte Funktion der Plazenta, was zur verbesserten Versorgung und Austausch zwischen Kind und Mutter führt. Das Kind wird somit besser mit Sauerstoff und Nährstoffen versorgt. Die optimale Versorgung fördert die Entwicklung und das Wachstum des Embryos positiv (Melzer et al., 2010, S.502; Wojtyla et al., 2012, S.316). Das Ungeborene entwickelt mehr fettfreie Körpermasse, die neurologische Reifung ist fortgeschritten und es weist eine verbesserte Stresstoleranz auf (Melzer et al., 2010, S.501; Wojtyla et al., 2012, S.316). Diese positiven Auswirkungen senken das Risiko, dass die Kinder im späteren Leben an chronischen Erkrankungen, wie Übergewicht oder Diabetes Mellitus erkranken (Oberhoffer, 2010, S. 83; Wojtyla et al., 2012, S.316). Unter anderem beschäftigen sich die Autoren Abaji, Moore, Labonté-Lemoyne, Curnier & Ellemberg (2016, S.204) mit dem Geburtsgewicht, wie auch die fetale Herzfrequenzänderung während des

Sportes. Bei minimaler bis moderater Intensität ist die fetale Herzfrequenz 10-30 Schläge pro Minute während und nach dem Training erhöht (ACOG, 2015). Durch Änderung der Herzfrequenz konnten keine negative Auswirkungen auf das Kind festgestellt werden (Melzer et al., 2010, S.502; Abaji et al., 2016, S.204). Selbst bei intensiven Übungen wurden keine besorgniserregenden Änderungen der fetalen Herzfrequenz verzeichnet (The American College of Sports Medicine, 2006). Das zeigt, dass das Kind schon in der Gebärmutter von eigenen Trainingseffekten profitiert. Die Ruhefrequenz sinkt und eine verbesserte Herzfrequenzvariabilität entsteht (Hutter, 2013 zitiert nach Sulprizio et al., 2016, S.52). Die Geburten verlaufen für das Kind ebenfalls angenehmer. Es geraten über 50% weniger Babys bei der Geburt in Not (Melzer et al., 2010, S.502).

3.3.4 Geeignete und ungeeignete Sportarten in der Schwangerschaft

Folgende Sportarten sind in der Schwangerschaft geeignet

Geeignet sind Sportarten, bei denen keine Verletzungsgefahr besteht (Deutsche Gesellschaft für Ultraschall in der Medizin, 2012, S.8). Ideal sind Bewegungen im Wasser, in Form von Schwimmen oder Aquagymnastik. Bewegungen im Wasser sind gelenkschonend, da das Wasser das Gewicht vom heranwachsenden Bauch mit trägt und zudem eine ideale Alternative bei Rückenschmerzen und Angeschwollenen Gelenken ist (The American College of Sports Medicine, 2006; Korsten-Reck et al., 2009, S.120). Radfahren, Ergometer oder Indoor Cycling können ohne Bedenken durchgeführt werden (Korsten-Reck et al., 2009, S.120; Melzer et al., 2010, S.499; Deutsche Gesellschaft für Ultraschall in der Medizin, 2012, S.9) Das Fahren entlastet die Wirbelsäule, Rumpfmuskulatur und das Becken, indem die Räder teilweise das Gewicht mittragen (Korsten-Reck & Wanke, 2011). Darüber hinaus können die Intensität über den Widerstandsregler und die Umdrehungsgeschwindigkeit optimal angepasst werden. Ein weiteres gelenkschonendes Ganzkörpertraining ist das Walken oder zügiges Gehen (Blott, 2010, S.229; Deutsche Gesellschaft für Ultraschall in der Medizin, 2012, S.9). Joggen kann in der Regel von Personen die es vor der Schwangerschaft bereits regelmäßig durchgeführt haben, fortgesetzt werden. Eine Rücksprache mit dem Arzt oder der Hebamme ist sinnvoll (ACOG, 2015, S.3). Beim Aerobic, wie auch beim Laufen, sollte auf einen niedrigen Aufprall geachtet werden (ACOG, 2015, S.3). Beckenbodentraining (Blott, 2010, S.18, 69), Stabilisationsübungen (The American College of Sports Medicine, 2006), Yoga- und Pilatesübungen sollten den Trainingsempfehlungen angepasst werden und sind passend um Stress, Beweglichkeit und Atmung zu verbessern (ACOG, 2016). Moderates Krafttraining an geführten Geräten oder im Freihantelbereich können ohne Bedenken durchgeführt werden (ACOG, 2015). Die Übungsauswahl sollte der Schwangerschaft angepasst werden, Übungen in Rücklage oder der geraden Bauchmuskulatur sollten vermieden werden (Korsten-Reck et al., 2009, S.120).

Folgende Sportarten sind in der Schwangerschaft ungeeignet

Generell sind Sportarten, bei denen das Verletzungsrisiko für Mutter und Kind erhöht sind, ungeeignet. Bei Mannschafts- (Stauss et al., 2009, S.565), Kontakt- und Schlägersportarten z.B. Hockey ist das Verletzungsrisiko erhöht (Melzer et al., 2010, S.499; Wojtyla et al., 2012, S.320; Deutsche Gesellschaft für Ultraschall in der Medizin, 2012, S.9). Weitere Sportarten die Mutter und Kind verletzen können sind Sportarten mit erhöhter Sturzgefahr, Beschleunigungs- oder Abbremsmanövern und Kampfsportarten. Aus diesem Kontext sind u.a. Tennis, Reiten oder Boxen zu meiden (Stauss et al., 2009, S.565; Blott, 2010, S.18; ACOG, 2015, S.3). Durch die zahlreichen Veränderungen im Körper und dem heranwachsenden Baby, kann auch die Körperwahrnehmung und somit der Gleichgewichtssinn beeinflusst werden. Es besteht eine erhöht Gefahr zu stolpern und zu fallen, daher sollten ab dem zweiten Trimester alle Sportarten, die ein hohes Gleichgewichtsgefühl oder hohe Beweglichkeit erfordern gemieden werden (Blott, 2010, S.157), u.a. Geräte- und Kunstturnen (Melzer et al., 2010, S.499; Wojtyla et al., 2012, S.320; ACOG, 2016). Ebenso sind Wettkampfsportarten (Stauss et al., 2009, S.565) und leistungsorientierter Sport ungeeignet da es zu einer Blutumverteilung im Körper kommt und die aktive Skelettmuskulatur der Mutter verstärkt durchblutet wird, auf Kosten der Versorgung zum Kind (Korsten-Reck, 2009, S.119, 120). Das Gerätetauchen ist ungünstig, da das Kind durch Gasembolie geschädigt werden kann (Muth, Wendling, Tetzlaff, 2002, S.175) und nicht vor der Dekompressionskrankheit geschützt ist (Melzer et al., 2010, S.500). Hot Yoga und Hot Pilates sind aufgrund der hohen Temperaturen ungeeignet (ACOG, 2015), wie auch bewegungslose Haltungen beim Yoga oder in Rückenlage, sollten vermieden werden, da es zum verminderten venösen Rückfluss kommen kann und Hypertonie fördert (Blott, 2010, S.157; ACOG, 2015). Sportarten in über 2000 Meter (Korsten-Reck et al., 2009, S.120) bzw. über 2500Meter (Melzer et al., 2010, S.500; ACOG, 2016), wie z.B. das Fallschirmspringen sollten unterlassen werden (ACOG, 2016).

3.3.5 Krafttraining in der Schwangerschaft

Wie bereits erwähnt, ist Krafttraining in der Schwangerschaft geeignet (Korsten-Reck et al., 2009, S.119). Ziel ist es die Wirbelsäule zu stabilisieren, Rückenschmerzen vorzubeugen oder zu reduzieren und die Frauen auf die Geburt besser vorzubereiten (Blott, 2010, S.89, 183). Die Erhaltung der Muskulatur steht im Vordergrund und wird durch ein Kraftausdauertraining optimal erreicht (Artal & O'Toole, 2003 zitiert nach Sulprizio et al., 2016, S.73). Ein Kraftausdauertraining entspricht 20 Wiederholungen, 2-3 Sätze und dementsprechend wird das Trainingsgewicht reduziert. Die großen Muskelgruppen sollten im Fokus liegen und mit 6-8 Übungen pro Trainingseinheit beansprucht werden. Um die Versorgung des Kindes zu erhalten, ist auf die richtige Atemtechnik zu achten. Das Krafttraining kann zwei bis dreimal die Woche durchgeführt werden (Korsten-Reck et al., 2009, S.120). Die richtige Atmung beim Krafttraining ist, bei der Belastung ausatmen und bei der Entlastung einatmen (Blott, 2010, S.234). Sportlerinnen die bereits Krafttraining absolvieren, können dies weiterführen. Einsteiger starten mit wenigen Wiederholungen und leichtem Gewicht und können zunächst die Dauer und dann langsam das Trainingsgewicht steigern. Ob Einsteigerin oder Sportlerin das Trainingsgewicht ist so zu wählen, dass es ohne quälen umgesetzt werden kann (Blott, 2010, S.234). Im ersten Trimester kann die Bauchmuskulatur noch auf dem Rücken trainiert werden. Da sich während der Schwangerschaft der gerade Bauchmuskel dehnt und schwächer wird, ist es besonders wichtig, die äußeren Bauchmuskeln ausreichend zu trainieren. Die schräge Bauchmuskulatur dient zur Stabilisierung der Wirbelsäule. Somit werden Rückenschmerzen vorgebeugt und die Haltung verbessert. Wenn der Bauch langsam sichtbar wird, sollten Übungen auf den Rücken unterlassen werden (Blott, 2010, S.89). Zudem wird durch ein moderates Kraftausdauertraining die Beweglichkeit und die Kondition gefördert und Verspannungen der Muskulatur gelöst (Blott, 2010, S.306). Durch das Krafttraining der Bein- und Gesäßmuskulatur werden die alltäglichen Bewegungen, wie das Treppensteigen und das Einkaufen erleichtert (Blott, 2010, S.183). Neben der Stärkung der Muskulatur wird auch die Knochendichte durch das Krafttraining gestärkt, wodurch die Knochen und die Gelenke entlastet werden (Blott, 2010, S.209). Erfahrende Frauen im Krafttraining verfügen über eine verbesserte Muskelkraft und Koordination, wodurch das Verletzungsrisiko sinkt. In der Schwangerschaft ist vom Maximalkrafttraining abzuraten, weil der entstehende große abdominale Druck die Versorgung zwischen Kind und Mutter stören kann (Korsten-Reck et al., 2009, S.120).

3.3.6 Ausdauertraining in der Schwangerschaft

Nach den Richtlinien der ACOG kann ein moderates, aerobes Ausdauertraining über 30 Minuten trainierte Frauen bis zu 60 Minuten ohne Komplikationen durchgeführt werden. Das Training kann mehrmals in der Woche absolviert werden (Korsten-Reck et al., 2009, S.120). Um das Baby weiterhin mit ausreichend Blut zu versorgen, nehmen das Plasmavolumen und Herzzeitvolumen bei regelmäßigen aeroben Ausdauertraining zu (Korsten-Reck et al., 2009, S.119). Insgesamt wird das Herz-Kreislaufsystem leistungsfähiger. In der Studie von Reimers und Schwennicke (2015, S.236) konnte erkannt werden, dass Ausdauersport schmerzlindernde Effekte aufweist. Wie auch das Kraftausdauertraining, steigert das Walken die Knochendichte um Belastungen besser zu verkraften (Blott, 2010, S.209). Zu intensive und lange Trainingseinheiten führten zum Anstieg der fetalen und mütterlichen Körpertemperatur, die durch hohe Umgebungstemperaturen verstärkt werden. Die erhöhten Körpertemperaturen können sich negativ auf das Kind auswirken, da die Haut und Muskeln der Mutter verstärkt durchblutet werden, wodurch die Versorgung des Kindes abnimmt. Durch eine Mangelversorgung an Blut zum Baby, können vorzeitige Wehen ausgelöst werden (Korsten-Reck et al., 2009, S.118). Trainierte Läuferinnen können das Joggen weiterhin fortführen. An heißen Tagen sollte entspannt gejoggt und ausreichende getrunken werden (Blott, 2010, S.164). Die Intensität sollte zwischen 12-14 auf der Borg-Skala liegen und ein Puls von 140 Schlägen pro Minute sollte nicht über längeren Zeitraum überschritten werden, um eine Mangelversorgung des Kindes vorzubeugen. Der Rede-Test und die Borg-Skala sind leicht umzusetzen (Blott, 2010, S.221). Leistungssportlerinnen im Ausdauersport können ein angepasstes Grundlagentraining in der Schwangerschaft fortführen. Sie haben den Vorteil, dass die Ausdauerleistungsfähigkeit in der Schwangerschaft nur gering abnimmt und dementsprechend nach der Schwangerschaft schnell den vorigen Leistungstand wieder erlangen können (Korsten-Reck et al., 2009, S.120).

3.3.7 Funktionelles Training in der Schwangerschaft

Der Begriff „funktionelles Training" ist in der Literatur nicht eindeutig definiert, daher ist es interessant wie Experten diesen Begriff definieren (Haas & Mitterbauer, 2015, S.7). Die Autoren Haas & Mitterbauer (2015) haben Experten im Bereich funktionelles Training interviewt. Der Sportphysiotherapeut M. Steverding definiert funktionelles Training als alles, was im Training der Funktion des Körpers entspricht (Haas & Mitterbauer, 2015, S.8). Der Trainingswissenschaftler Dr.

K. Wirth erklärt im Interview, funktionell bedeute eine Funktion betreffend oder Funktion erfüllend (Haas & Mitterbauer, 2015, S.9). Sportwissenschaftler M. Hager sagt, dass das Ziel die Ansteuerung und Verbesserung des funktionellen Trainings durch Kraft, Stabilität, Mobilität und Koordination natürlicher Bewegungsabläufe des Körpers anstrebe (Haas & Mitterbauer, 2015, S.10). Das Training spricht nicht isoliert eine Muskelgruppe an, sondern das Gesamtsystem. So wird der schwächste Muskel im System gestärkt, berichtet S. Kratky Sportwissenschaftler (Haas & Mitterbauer, 2015, S.11). Funktionelles Training dient der Optimierung sportspezifischer oder alltagsspezifischer Bewegungsmuster. Somit beinhaltet funktionelles Training Übungen, die den Körper auf Situationen vorbereiten besser zu funktionieren, ergänzt Sportwissenschaftlerin S. Jungreitmayr (Haas & Mitterbauer, 2015, S.13). Die Experten sind sich einig, dass funktionelles Training koordinative und konditionelle Übungen beinhaltet (Haas & Mitterbauer, 2015, S.8, 11, 10, 12, 13). Für die Schwangerschaft bedeutet dies, dass alltägliche Bewegungen durch das Training erleichtert werden können. Haltungsschäden und Rückenschmerzen werden durch Koordinations- und Beweglichkeitstraining reduziert (Korsten-Reck et al., 2009, S.119). Übungen für den Rücken, Beine, Brust und Arme können z.B. mit Rudern, Kniebeugen, Bankdrücken oder Seitheben trainiert werden. Auch die seitlichen Bauchmuskeln dürfen z.B. durch den seitlichen Unterarmstütz trainiert werden (Carta, 2016, S.45).

3.3.8 Entspannungstraining in der Schwangerschaft

Die Studie von Akbarzade et al. (2015, S.51) belegt, dass Entspannungstraining in der Schwangerschaft den Stress des Embryos reduziert. Die grundlegende fetale Herzfrequenz wird reduziert und das Schlagvolumen erhöht. (Akbarzade et al., 2015, S.51). Entspannungstraining kann als Behandlungsmaßnahme bei psychischem Stress und Ängsten eingesetzt werden. Die Bildung der Stresshormone Cortisol und Norepinephrin werden reduziert (Akbarzade et al., 2015, S.56). Neben den positiven psychischen Auswirkungen können auch allgemeine physiologische Schwangerschaftsbeschwerden reduziert werden (Sadeghi et al., 2015, S.660). Durch ein Entspannungstraining werden der diastolische Blutdruck und die sympathische Systemaktivität reduziert, was zu einer besseren Herzfunktion während der Schwangerschaft beiträgt (Akbarzade et al., 2015, S.53). Während der Entspannung wird 17% weniger Sauerstoff verbraucht und somit steht mehr Sauerstoff für das Ungeborene zur Verfügung (Akbarzade et al., 2015, S.56). Die Muskelentspannung hat zudem einen positiven Effekt auf die Geburt. Die Studie von Sadeghi et al. (2015, S.660) zeigte, dass die Dauer der Geburt, wie der Einsatz der Instrumente für die Geburt, reduziert waren. Das Geburtsgewicht war höher und die Wahrnehmung von Stress und Angst geringer. Als Entspannungstraining in der Schwangerschaft empfehlen sich Yoga und Pilates (Blott, 2010, S.251). Yoga schult eine kontrollierte Atmung. So werden Frauen auf die Atemtechnik während der Wehen und Geburt vorbereitet. Neben der Entspannung wird beim Yoga auch besonders die Rumpfmuskulatur gestärkt und stabilisiert (Blott, 2010, S.251). Beim Pilates wird die Körperwahrnehmung geschult, dadurch können die Frauen u.a. Warnsignale und falsche Körperhaltung schneller wahrnehmen (Blott, 2010, S.251).

3.3.9 Risiken und Kontraindikationen für Sport in der Schwangerschaft

Um Risiken und Kontraindikationen beim Sport zu vermeiden, sollten mit Beginn der Schwangerschaft eine ausführliche Anamnese und ein individuelles Beratungsgespräch über Bewegung während der Schwangerschaft stattfinden. So können je nach Schwangerschaftsverlauf die Bewegungsempfehlungen angepasst werden (Stauss et al., 2009, S.564). Risiken beim Sport in der Schwangerschaft können für Mutter und Kind durch erschlaffen der Bänder und Sehnen, die zu einer Instabilität der Gelenke führen, entstehen (The American College of Sports Medicine, 2006; ACOG, 2016). Die Mutter könnte hinfallen, da sich der Gleichgewichtssinn durch die Instabilität und den wachsenden Bauch verändert (ACOG, 2016). Die Knochendichte nimmt bei schwangeren Frauen ab, wozu es zu kleinen Frakturen im Knochen kommen kann (The American College of Sports Medicine, 2006). Um im Trainingsprogramm die optimale Belastung empfehlen zu können, sollte am Anfang der Schwangerschaft die Knochendichte geprüft werden (The American College of Sports Medicine, 2006). Das ungeborene Kind ist Risiken bei zu intensiven und zu langen Belastungen oder Sport bei zu heißer, feuchter Atmosphäre ausgesetzt (Blott, 2010, S.18). Extreme Hitze kann besonders im ersten Trimester die Entwicklung des Fötus negativ beeinflussen (Blott, 2010, S.29). Außerdem kann die starke Hitze zur Dehydration der Mutter führen, sodass das Risiko einer Frühgeburt gefördert wird (Blott, 2010, S.29). Bei extrem starker körperlicher Belastung, kann das Wachstum des Kindes negativ beeinflusst werden. Ein Grund ist die verminderte Glukose- und Sauerstoffversorgung vom Kind. Zum anderem eine Umverteilung des Herzzeitvolumens, dass zu einer mangelnden Durchblutung und Versorgung des Kindes führt (Stauss & et al., S.565; Blott, 2010, S.221). In der Regel bewegt sich das Ungeborene nach einem angemessen Training 20-30 Minuten später noch mehrmals. Besonders im dritten Trimester kann die Mutter die Bewegung des Kindes wahrnehmen. Bewegt sich das Kind weniger als sonst, kann das die Folge eines zu intensiven Trainings sein, da der Austausch zwischen Mutter und Kind gestört war (Blott, 2010, S.363). Um das Kind nicht negativ zu beeinflussen, sollte von zu extremen Intensitäten im Sport abgeraten werden (Stauss & et al., S.565). Bei folgenden Symptomen sollte der Sport sofort abgebrochen werden und eventuell nach Rücksprache mit dem Arzt verboten werden. Vaginale Blutung, Schwindel, Kopfschmerzen, Brustschmerzen, extreme plötzliche Muskelschwäche, Wadenschmerzen, Anschwellen der Beine oder Austritt von Fruchtwasser (Blott, 2010, S.161). Frauen die an folgenden Komplikationen während der Schwangerschaft leiden sollten auf Sport verzichten. Zu den Komplikationen gehören Zwillingsschwangerschaft, vorzeitige Wehen, eine verletze Membran, Fehllage der Plazenta nach der 26. Schwangerschaftswoche, Bluthochdruck, schwere Anämie, teilweise Herz- und Lungenerkrankungen (ACOG, 2016).

3.4 Bereits etablierte Kurskonzepte in der Schwangerschaft

Sport in der Schwangerschaft dient der Fitnesserhaltung. In Vorbereitungskursen werden speziell Übungen und Atemtechniken erlernt, um auf die Geburt optimal vorzubereiten (Bundesverband der Frauenärzte e.V., o.J.). In den nächsten zwei Punkten werden der Geburtsvorbereitungskurs und die Schwangerschaftsgymnastik erläutert.

3.4.1 Geburtsvorbereitungskurse

Die meisten Frauen besuchen ab dem dritten Trimester einen Geburtsvorbereitungskurs (Blott, 2010, S.265). Es gibt Kurse mit und ohne Partner, Angebote für Eltern oder erstmals werdende Eltern. Auch die Kursdauer kann sehr unterschiedlich sein. Kurse können über Wochen oder nur an einem Wochenende stattfinden. In der Regel werden die Kurse von Hebammen geleitet. Vereinzelt gibt es Kurse, die von Physiotherapeuten oder Geburtsvorbereiterinnen geleitet werden (Höfer & Szász, 2016, S.99). Angeboten werden die Kurse von Krankenhäusern, Hebammenpraxen oder Familienbildungsstätten (Blott, 2010, S.265; Höfer & Szász, 2016, S.99). Inhaltlich können die Angebote zwar abweichen, sollten jedoch immer den Schwerpunkt auf den Verlauf der Schwangerschaft, der Wehen und der Geburt legen (Höfer & Szász, 2016, S.99). Weitere wichtige Inhalte sind Entspannungstechniken, Atmungsübungen, Klinikablauf, Wickeln und Stillen (Blott, 2010, S.265; Höfer & Szász, 2016, S.99). Der Geburtsvorbereitungskurs ist für Schwangere eine wichtige Informationsquelle und soll den Frauen und den Partnern dabei helfen, sich auf die Geburt und die Elternrolle danach einzustellen (Höfer & Szász, 2016, S.99). Der Kurs dient zum Austausch zwischen Gleichgesinnten, wodurch Tipps gegen Beschwerden und Hilfen im Alltag ausgetauscht werden können (Blott, 2010, S.265). Zudem ist nachgewiesen, dass Frauen, die an einem Geburtsvorbereitungskurs teilgenommen haben, eine verkürzte Wehendauer haben, die Babys häufiger gestillt werden und während der Geburt weniger Instrumente benötigt werden (Höfer & Szász, 2016, S.99). Auch die Schmerzen während der Geburt werden von Frauen besser verarbeitet (Datapharm, 2005).

3.4.2 Schwangerschaftsgymnastik

Der Unterschied zum Geburtsvorbereitungskurs ist, dass die Schwangerschaftsgymnastik nicht von den Krankenkassen bezahlt wird (TK-Ärztezentrum, 2016). Außerdem eignet sich die Schwangerschaftsgymnastik besonders für untrainierte Frauen (Engels, Lambeck & Panitz, 2009, S.8). Die Gymnastik ist ein Trainingsproramm, das auf die Bedürfnisse der schwangeren Frauen angepasst wird und jederzeit begonnen werden kann (hkk Krankenkasse, 2016). Schwerpunkte der Kurse sind Entspannung, Schulung der Körperwahrnehmung, Stärkung des eigenen Körpergefühls, Stärkung der Beckenboden- und Unterleibsmuskulatur (TK-Ärztezentrum, 2016). Darüber hinaus sollten die gymnastischen Übungen Spaß an der Bewegung vermitteln und typische Schwangerschaftsbeschwerden reduzieren. Gleichzeitig bereitet auch die Schwangerschaftsgymnastik die Frauen auf die kommende Geburt vor (Engels et al., 2009, S.8).

3.5 Erläuterung des 4-P-Modells

Das 4-P-Modell ist ein klassisches Instrument im Marketing. Das 4-P-Model besteht aus den vier Säulen aus dem englischen *product*, *price*, *place* und *promotion*. Zusammen entsteht der 4-P-Marketing-Mix (Tomczak, Kuß & Reinecke, 2014, S.195). Im Dienstleistungsbereich wird häufig auch das 7-P-Model verwendet. Bei diesem Modell werden zusätzlich die Säulen Personen, Prozesse und physische Ausstattung herangezogen (Tomczak et al., 2014, S.195). Da sich international jedoch das 4-P-Modell durchgesetzt hat, wird in dieser Arbeit das 4-P-Modell verwendet. Die vier Bereiche *produkt*, *price*, *place* und *promotion* beeinflussen sich gegenseitig und können dadurch nicht immer klar getrennt werden. Durch das Zusammenwirken der einzelnen Säulen kann das Marketingziel erreicht werden (Tomczak et al., 2014, S.196).

3.5.1 Produkt- und Programmpolitik (Product)

Die Produkt- und Programmpolitik ist die sogenannte Marktleistungsgestaltung und bildet den Kern des Marketings (Tomczak et al., 2014, S.199). In der Produktpolitik findet die klare Definition vom Grund- und Zusatznutzen des Produktes für den Kunden statt. Somit beschäftigt sich die Produktpolitik mit der Gestaltung des zu vermarktenden Produktes (Tomczak et al., 2014, S.200). Es muss klar definiert sein, auf welches Marktsegment das Produkt vertrieben werden soll (Tomczak et al., 2014, S.201). Produkte können materielle, immaterielle oder ein Zusammenkommen von beiden Komponenten sein. Produkte sind Dienstleistungen, Rechte oder Sachgüter (Tomczak et al., 2014, S.199). Das Produkt selbst muss die Bedürfnisse des Kunden besser befriedigen als ein vergleichbares Produkt der Konkurrenz (Tomczak et al., 2014, S.200). Die Produktpolitik beschäftigt sich mit dem Produktlebenszyklus und die Programmpolitik befasst sich mit dem Umfang und die Struktur des Sortiments (Tomczak et al., 2014, S.201). Bei einer Dienstleistung, z.B. ein Kurskonzept, muss der Kern der Leistung in den Mittelpunkt gestellt werden. In der Leistung muss der Kunde einen Nutzen erkennen, der befriedigt werden muss (Tomczak et al., 2014, S.204).

3.5.2 Kontrahierungspolitik (Price)

Die Kontrahierungspolitik teilt sich in die Preispolitik und Konditionspolitik auf. Die Preispolitik beschäftigt sich mit der Preisgestaltung für das Produkt. Das Ziel ist es, einen angemessen Preis zu ermitteln und diesen am Markt durchzusetzen (Tomczak et al., 2014, S.207). Der Preis hat einen sehr hohen Einfluss auf andere Instrumente aus dem Marketing-Mix, daher sollte dieser immer im Zusammenhang mit anderen Instrumenten betrachtet werden. Die Preisgestaltung ist komplex. Es müssen Konsumentenverhalten, Kostenstruktur der Branche und Verhalten der Konkurrenz analysiert und berücksichtigt werden. Die Konditionspolitik umfasst den Bereich der Zahlungsbedingungen, wie Rechnung, Lastschrift, Rabatte, Skonto und Lieferbindungen (Tomczak et al., 2014, S.208).

3.5.3 Distributionspolitik (Place)

Bei der Distributionspolitik handelt es sich um den Weg vom Produkt zum Kunden. Es wird in zwei Bereiche differenziert. Der eine Teil befasst sich mit dem Transport, Lagerung, Auftragsabwicklung und Lieferung, also allen logistischen Fragen. Der zweite Teil beschäftigt sich mit der Frage, welche Akteure benötigt werden, um das Produkt zum Kunden zu übertragen. Es müssen ökologische, soziale, informatorische und rechtliche Aspekte berücksichtigt werden (Tomczak et al., 2014, S.225). Da die Dienstleistung ein Immatrikulationsgut ist, entfällt die logistische Herausforderung.

3.5.4 Kommunikationspolitik (Promotion)

Alle Maßnahmen, die in einem Unternehmen verwendet werden um Wissen und Informationen zu vermitteln und Erwartungen oder Verhalten seiner Zielgruppe zu beeinflussen, gehören zur Kommunikationspolitik (Tomczak et al., 2014, S.217). Die Kommunikationspolitik ist dafür zuständig, dass der Kunde das angebotene Produkt wahrnimmt und akzeptiert. Ein großer Bereich der Kommunikationspolitik ist die Werbung. Neben dem Kunden beeinflussen auch Mitarbeiter und Organisationen die Kommunikationspolitik. Der Anbieter des Produktes versucht sich positiv von der Konkurrenz abzugrenzen (Tomczak et al., 2014, S.217). Ziel ist es, das Kundenverhalten am Markt zu beeinflussen (Tomczak et al., 2014, S.218). Voraussetzung dazu ist Kontakt zum Kunden aufzubauen (Tomczak et al., 2014, S.219). Es wird zwischen kognitiven, affektiven und konativen Wirkungskomponenten unterschieden. Die kognitive Wirkungskomponente beschäftigt sich nur mit der Informationsaufnahme, -verarbeitung und -speicherung, z.B. das Produkt wird am Markt wahrgenommen. Die affektive Zielgröße zielt auf die Gefühlsebene ab, z.B. emotionale Gefühle beim Kaufen, Aufbau von Vertrauen zum Kunden. Die dritte Größe, die konative Wirkungskomponente beschäftigt sich mit der Reaktion des Kunden, z.B. Kaufbereitschaft und Weiterempfehlung des Produktes durch den Kunden (Tomczak et al., 2014, S.218). Kommunikationsinstrumente sind Maßnahmen wie Werbung, Verkaufsförderung und persönlicher Verkauf am Kunden (Tomczak et al., 2014, S. 221). In der Dienstleistungsbranche ist es wichtig, durch ein gutes Image Vertrauen zum Kunden aufzubauen (Tomczak et al., 2014, S. 220).

4 Methodik

Im Folgenden wird der Aufbau des Kurskonzeptes dargestellt, die Rahmenbedingungen im Sportverein analysiert, sowie mögliche Kooperationsmöglichkeiten aufgezeigt. Im Anschluss wird das Kurskonzept anhand des 4-P-Model vermarktet. Des Weiteren werden Dokumentationsmöglichkeiten zur Überprüfung des Erfolges erarbeitet und eine Kostenanalyse durchgeführt.

4.1 Aufbau des Kurskonzeptes

Im folgenden Verlauf werden auf die Zielgruppe, die Zielsetzung, die Dauer, den Umfang, die personellen Voraussetzungen und die methodischen-didaktischen Methoden eingegangen. Da der Sportverein zwei Standorte besitzt, werden diese im Folgenden „SportOst" und „SportWest" genannt.

4.1.1 Zielgruppe

Die Zielgruppe sind gesunde, schwangere Frauen. Das Alter und das Leistungslevel spielen keine Rolle. Es können alle Frauen jederzeit während der Schwangerschaft am Kurs teilnehmen. Die Gruppengröße sollte aufgrund der Raumgröße maximal 20 Teilnehmerinnen beinhalten.

4.1.2 Zielsetzung

Die Ziele werden in langfristige, kurzfristige, allgemeine und spezielle Ziele unterteilt. Die langfristigen und allgemeinen Ziele sollen nach Abschluss des Kurses erreicht sein. Die Verbesserung der sportmotorischen Fähigkeit wie Ausdauer, Kraft, Beweglichkeit und Koordination sind allgemeine, langfristige Ziele. Weitere langfristige und allgemeine Ziele sind die Verbesserung der Körperwahrnehmung und eine bessere Körperhaltung. Dadurch werden physiologische, langfriste Ziele erreicht, wie der Aufbau einer allgemeinen Fitness, Prävention und Reduzierung von Schmerzen im Rückenbereich, Übergewicht und Folgeerkrankungen von Mutter wie auch Kind. Stressreduktion und Erleichterung von Bewegungen im Alltag sollen erreicht werden. Zudem dient der Kurs als Verbreitung auf die Geburt. Die kurzfristigen und speziellen Ziele werden in einer Kurseinheit erreicht. Dazu gehören das Erlernen von Grundübungen im Kraft- und Ausdauerbereich, Schrittfolgen im Aerobic und Step-Aerobic, Entspannungs- und Atemtechniken, Übungen zum Schulen der Koordination, Beweglichkeit und gesunden Haltung. Kennenlernen unterschiedlicher Messarten der Trainingsintensitäten und Trainingsmaterialien sind weitere kurzfristige Ziele.

4.1.3 Rahmenbedingungen

Der Kurs wird an beiden Standorten angeboten. Dienstags um 18.00 Uhr findet der Kurs im SportWest und donnerstags um 19.00 Uhr im SportOst statt. Die Zeiten sind so gewählt, dass berufstätigen Frauen teilnehmen können. Durch das Angebot an beiden Standorten ist das Marktgebiet erweitert, zudem können Mitgliederinnen zwischen zwei Tagen und Zeiten wählen. Dadurch sollen möglichst viele potenzielle Teilnehmerinnen erreicht werden. Schwangere leiden wie erwähnt häufig an Müdigkeit, daher ist die Zeit so gewählt, dass berufstätige Frauen teilnehmen können, aber nicht zu spät am Abend nochmal das Haus verlassen müssen. Die Erfahrung aus anderen Kursen zeigt, dass die beste Kursauslastung zwischen 18.00 Uhr und 20.00 Uhr liegt. Beide Standorte verfügen über einen Kursraum, der zwanzig Teilnehmerinnern aufnehmen kann. Im SportOst gelangt man durch den Nebeneingang über eine Treppe zum Raum „Kursraum V". Im SportWest befindet sich der Raum „Gym2" im ersten Obergeschoss, der über eine Treppe oder mit einem Fahrstuhl erreichbar ist. Um eine freundliche Atmosphäre zu schaffen, besitzt der Raum dimmbares, warmes Licht, Heizung für den Winter und verfügt über große Fenster zum Lüften im Sommer. Beide Räume beinhalten eine Spiegelwand, die im Kursverlauf verwendet werden kann. Die Gymnastikräume besitzen einen geeigneten Boden. Hindernisse wie Säulen, die die Qualität des Kurses beeinflussen könnten, sind nicht vorhanden. Sanitäranlagen und Umkleiden befinden sich jeweils direkt neben den Kursräumen. Aufgrund der bereits großen Auswahl des Kursangebotes, besitzt der Verein an beiden Standorten eine Vielzahl der Materialien, die unter dem Punkt 4.2.1 „Analyse des Ausbildungsbetriebes" detailliert aufgelistet werden.

4.1.4 Dauer und Umfang des Konzeptes und der einzelnen Einheit

Das Kursprogramm läuft über acht Wochen mit einer Einheit pro Woche über 55 Minuten. So ist gewährleistet, dass aufgrund der Empfehlungen des American College of Obstetricians and Gynecologists die Belastung von 45 Minuten nicht überschritten wird. Zusätzlich zum Kurs sollen die Frauen animiert werden, selbstständig nochmals ein bis zwei Mal die Woche sich zu bewegen.

4.1.5 Personelle Voraussetzungen

Um optimales Vertrauen und Empathie zwischen Teilnehmerinnen und Kursleiterin aufzubauen, wird im Kurs eine weibliche Kursleiterin eingesetzt. Die Kursleitung sollte über methodische Kompetenzen, wie Moderationstechniken, Wissens-

und Zeitmanagement verfügen. Soziale Kompetenzen, wie Kommunikationsfähigkeit, Verantwortungsbewusstsein, Kundenorientiertheit, Konflikt-, Problem- und Teamfähigkeit besitzen. Des Weiteren werden persönliche Kompetenzen, wie sicheres Auftreten, Flexibilität, Selbstständigkeit, Menschenkenntnisse, Offenheit, Hilfsbereitschaft und Zuverlässigkeit benötigt, um auf die Bedürfnisse einzugehen und das Training flexibel anzupassen (Fischer, 2013). Außerdem sollte die Kursleiterin fachliche Kompetenz mitbringen, wie u.a. das Wissen über die psychischen und physiologischen Veränderungen der Schwangeren, sowie den aktuellsten Stand der Forschung über Sport in der Schwangerschaft kennen, um die Qualität des Kurses zu steigern und den Teilnehmerinnen Sicherheit zu vermitteln. In diesem Kontext beinhaltet die fachliche Kompetenz ebenso aktuelles Wissen über die richtige Ausführung einer Übung. Anatomische und physiologisches Verständnis sind Voraussetzung, um Verletzungen der Teilnehmerinnen zu meiden (Sulprizio et al., 2016, S.12). Für die Qualität des Kurses, aber auch das Image des Vereines, ist das Aufbauen von Vertrauen zu den schwangeren Frauen sehr wichtig. Da viele Schwangere in Bezug auf Sport in der Schwangerschaft unsicher sind, ist es umso wichtiger, dass die Kursleiterin beim Durchführen des Kurses Sicherheit ausstrahlt. Unsicheres Auftreten einer Kursleiterin könnte die Ängste und Sorgen der Frauen verstärken und wäre somit kontraproduktiv. Diesbezüglich ist es von Vorteil, wenn die Kursleiterin bereits Routine und Erfahrungen aus anderen Gruppenkursen mitbringen kann. Die Kursleiterin arbeitet kundenorientiert, was bedeutet sie geht auf Probleme bzw. Konflikte ein und findet mit ihnen gemeinsam eine individuelle Lösung. Gute Menschenkenntnisse sind von Vorteil, um die Teilnehmerinnen in ein Leistungslevel einstufen zu können und physische Warnsignale, wie Schmerzen zu erkennen und drauf eingehen zu können. Erfahrende Kursleiterinnen fällt es durch die Routine leichter, flexibel auf Kursteilnehmerinnen während der Übungen einzugehen. Durch ihre fachliche Kompetenz können sie den Teilnehmerinnen unmittelbar und individuell viele Übungsvarianten anbieten, wenn die Frauen z.B. Schwierigkeiten bei der Ausführung haben. Durch eine offene Art sollte die Leitung auf Schwangere zugehen können und die Frauen in unterschiedlichen Lagen unterstützen, motivieren und Spaß an der Bewegung vermitteln. Die methodischen Kompetenzen umfassen korrektes Vorzeigen der Übungen, erklären und korrigieren der Teilnehmerinnen während der Ausführung. Die langfristigen und kurzfristigen Ziele müssen von der Kursleitung klar definiert werden können und von den Teilnehmerinnen erreichbar sein. Um die erfahrenen Kursleiterinnen optimal für den Kurs vorzubereiten, sollte neben einer B-Gruppentrainer Lizenz eine Weiterbildung als Kursleiterin im Bereich

Sport in der Schwangerschaft stattfinden. Auf den Weiterbildungen werden die Veränderungen in der Schwangerschaft, die aktuellen Empfehlungen für Schwangere und Sicherheitshinweise in der Trainingsanpassung, in den Trainingskonzepten und das Wissen über die Ernährung in der Schwangerschaft vermittelt (BSA Akademie, 2017).

4.1.6 Methodische – didaktische Möglichkeiten

Jede Kurseinheit besteht aus einer Einleitung, einem Hauptteil und einem Schlussteil. Die Einleitung beinhaltet die Begrüßung der Teilnehmerinnen, die Reflexion der letzten Stunde und das Warm-up. Der Schlussteil besteht aus dem Cool-down und der Abschlussrunde. Eine Aufwärmphase und Cool-down sind wichtig, um den Kreislauf langsam auf die Umgebung anzupassen (Wojtyla et al., 2012, S.320). Regelmäßige Pausen dienen zur Vermeidung von Überanstrengungen und Überhitzungen des Körpers und werden als Trinkpause genutzt. Das ausgeschwitzte Wasser muss ersetzt werden (Blott, 2010, S.111). Das Kurskonzept soll den Frauen möglichst viele Varianten von Übungen und Techniken zeigen, die selbstständig zu Hause wiederholt werden können, um den Alltag der Frauen zu erleichtern. Die Kurseinheiten sind so aufgebaut, dass alle Ziele erreicht werden können. Die Reflexion der letzten Stunde dient zur Verinnerlichung der gelernten Inhalte. Des Weiteren ist es so aufgebaut, dass die Lerninhalte vom Leichten zum Schweren, vom Einfachen zum Komplexen und von bekannten zu unbekannten Übungen, Schrittfolgen oder Lerninhalte verlaufen. Somit werden in der ersten Kurseinheit Grundübungen erlernt, die in späterer Einheit erneut aufgegriffen und erweitert werden. Beim Aerobic wird zunächst von Anfängern ausgegangen, daher mit einfachen Schritten gestartet und durch das Pyramidensystem langsam eine Schrittfolge einstudiert. In der Aerobic-Step-Stunde werden zunächst die Schritte aus dem Aerobic wiederholt und dann das Step ergänzt. Zur Vermittlung der Inhalte der Kurseinheiten bedient sich die Kursleiterin an verbalen, visuellen und instrumentellen Maßnahmen, auf die ich im Folgenden näher eingehe. Verbale Maßnahmen umfassen eine deutliche und verständliche Aussprache, wie das Erklären der Übung in Technik, Bewegungsablauf und Ziel. Zum leichteren Verständnis sollten die Übungen für die Teilnehmerinnen visualisiert werden. Zunächst wird jede Übungseinheit vorzuführt und Anhand von Bildern erklärt. Diesbezüglich liegen z.B. beim Zirkeltraining zusätzlich an jeder Station Bilder von der Ausführung der Übung, wodurch wichtige erklärte Inhalte verinnerlicht werden können. Die Musik wird zur Motivation oder Unterstützung der Entspannung eingesetzt und gehört somit zu den instrumentellen Maßnahmen. Die

Übungsleiterin sollte an den Kurs angepasste instrumentelle Maßnahmen nutzen, somit sollte bei Übungen zur Entspannung Entspannungsmusik mit ruhigen, langsamen Klängen gewählt werden oder beim Aerobic eher motivierende Musik mit durchgängigem Takt. Das Kursprogramm ist abwechslungsreich geschrieben, um alle Ziele innerhalb der acht Wochen zu erreichen und Spaß an der Bewegung zu vermitteln. Innerhalb des Kurses werden vielerlei körperliche Kompetenzen gleichermaßen gestärkt, wie z.B. Ausdauer, Muskulatur, Haltung, Beweglichkeit und Koordination. Die Ausdauer wird durch Aerobic und Step-Aerobic gefördert. Muskeln werden durch Kraftausdauerübungen gestärkt, um Stütz- und Halteapparate zu unterstützen. Venentraining wird zur Vorbeugung von Varizen und Thrombose eingesetzt. Dehnübungen fördern die Beweglichkeit. Jede Übung fördert allein durch die Ausübung in einer Art die Koordination. Spezielle Koordinationsübungen schulen unter anderem die Körperwahrnehmung und das Gleichgewicht der Kursteilnehmerinnen. Das regelmäßige Training zur Erreichung der Ziele ist wichtig, um das Verletzungsrisiko zu senken (Sulprizio et al., 2016, S.51). Innerhalb des Kurses werden weitere methodische Inhalte angewendet, z.B. Beckenbodenübungen zur Vorbeugung von Stressinkontinenz, Übungen für eine gesunde Haltung und Rückenschule dienen der Vorbeugung und Reduktion von Rückenschmerzen. Des Weiteren ist das Schulen von Selbstwahrnehmung für die Frauen wichtig, z.B. durch Entspannungsmethoden, damit sie die Signale ihres Körper wahrnehmen, besser einzuschätzen und bei Beschwerden den Sport rechtzeitig abbrechen (Sulprizio et al., 2016, S.40). Außerdem werden Techniken gezeigt, die zur Stressbewältigung eingesetzt werden können. Zum Beispiel fördern Traumreisen die Wahrnehmung und stärken die Beziehung zwischen Mutter und Kind. Um die Handlungskompetenz der Teilnehmerinnen zu fördern, ist die Wissensvermittlung, über die Ziele der Übungen und Kurseinheiten ein wichtiger Faktor.

4.2 Analyse der Rahmenbedingungen

Zunächst werden die bereits vorhandenen Ressourcen, wie die benötigten Ressourcen, dargestellt. Darüber hinaus wird eine Marktanalyse im Einzugsfeld des Sportvereins durchgeführt. Des Weiteren wird die praktische Vermarktung des Kurskonzeptes im Anhang des 4-P-Modells umgesetzt. Außerdem werden Dokumentationsmöglichkeiten für die Überprüfbarkeit der Ziele aufgeführt und eine Kostenanalyse, im Anhang des Break Even Points errechnet.

4.2.1 Analyse des Ausbildungsbetriebes

Der Ausbildungsbetrieb ist ein moderner Großsportverein. Er verfügt über zwei Standorte und hat somit das Marktgebiet erweitert.

4.2.1.1 Analyse der personelle Ressourcen

Der Ausbildungsbetrieb beschäftigt 78 hauptamtliche Mitarbeiter, ungefähr 170 ehrenamtliche Mitarbeiter, 40 geringfügige Beschäftigte und 360 Übungsleiter. Von diesen Mitarbeitern sind 32 Personen im vereinseigenen Kindergarten tätig und 33 Personen in den Offenen Ganztagsschulen. Unter den 78 hauptamtlichen Mitarbeitern befinden sich 12 Bundesfreiwilligendienstler, vier Auszubildende und vier duale Studenten. Weitere hauptamtliche Mitarbeiter arbeiten in der Verwaltung, im Vorstand, Leitung vom Kursbereich, Öffentlichkeitsarbeit und Veranstaltungsmanagement. Für das Kurskonzept sind die personellen Ressourcen aus dem Gesundheits- und Kursbereich relevant. Im Gesundheits- und Kursbereich arbeiten 60 Übungsleiter, davon sind fünf hauptamtliche Mitarbeiter und vier geringfügig Beschäftigte. Unter allen Kursleitern arbeiten zwei Männer. Somit besteht ein Pool aus 58 erfahrenen Kursleiterinnen. Aus diesem Pool können geeignete Kursleiterinnen in einem persönlichen Gespräch geprüft werden, welche der Übungsleiterinnen die personellen Voraussetzungen (siehe Punkt 4.1.5 „Personelle Voraussetzungen") vorweisen können. Die entsprechende Weiterbildung z.B. zu Kursleiterin Fit durch die Schwangerschaft (BSA Akademie, 2017) besitzt keine Trainerin im Verein. Die potenziellen Trainerinnen müssen bereit sein, eine Weitebildung im Bereich Sport und Schwangerschaft zu absolvieren. Die Kosten werden in der Regel vom Verein übernommen.

4.2.1.2 Analyse der apparativen und räumlichen Ressourcen

In der Tab. 1 werden die apparativen und räumlichen Ressourcen beider Standorte detailliert aufgelistet.

SportOst	SportWest
Fitnessstudio (ca. 800m²) Beinhaltet: 62 Kraftgeräte, 19 Ausdauergeräte Fünf Kursräume: Kursraum I (156m²) Material: 20 Indoor Cycling Räder, 24 Matten, 15 Steps, 14 Pezzi Bälle Kursraum II (ca. 280m²) Material: 35 Gymnastikmatten, 14 Sling Trainer, 24 Steps, 26 Tubs (12 leicht, 12 mittel, 12 schwer), Kurzhanteln mit diversen Gewichten von 0,5kg - 4kg Geräteraum Kursraum I / Kursraum II: 30 Fitness-Schnecken, 22 Balance Pads, 42 Redondo Bälle, 11 Faszienrollen, 21 Nackenkissen, 32 Aero Steps, 27 Tennisbälle, 15 Body Tubes, 20 Reifen, 28 Holzstäbe, 25 Body Bar Stäbe, 26 Puschel, 15 Pezzi Bälle Kursraum III (ca. 230m²) Material: 25 Gymnastikmatten, 15 Jumps, 3 Plyo Boxen, 20 Steps, 51 Langhanteln und Kurzhanteln mit diversen Gewichten,11 Kettle Bells (2x16kg, 2x14kg, 2x12kg, 3x8kg, 2x4kg), 8 Liegestützgriffe Kursraum IV (ca. 300m²) Material: Bausteine für eine Kinderbewegungslandschaft Kursraum V (ca. 130m²) Material: 30 Gymnastikmatten, 10 Softbälle, 50 Stühle,10 Hocker, 15 Faszienrollen, 25 Balancen-Pads, 20 Aero Steps, 20 Gymnastikstäbe, 20 Tubes mittlere Stärke, 20 Yoga Kissen, 20, Kissen, 20 Decken, 30 Paar Massagebälle, diverses Spielmaterial für Kleinkinder	Fitnessstudio (ca. 200m²) Beinhaltet: 23 Kraftgeräte, 8 Ausdauergeräte Drei Kursräume: Gym 1 (221m²) / Gym 2 (ca. 150m²) Gemeinsamer Geräteraum: 35 Gymnastikmatten, 1 kleines Trampolin, 1 kleine Weichbodenmatte, 100 Judomatten, 31 Steps, 30 Brasils, 25 Langhanteln mit divers Gewichten, diverse Kleinhanteln (0,5-2kg), 30 Body Bars, 20 Seilchen, 30 Tubes, 30 Therabänder, 25 Faszienrollen, 25 Balance Pads, 20 Softbälle Gym 1 verfügt zudem noch über 2 Bänke, 1 Sprossenwan Gym 3 (ca. 100m²) Material: 20 Indoor Cycling Räder, 14 Sling Trainer, 15 Gymnastikmatten Sporthalle (ca. 500m²) Material: 2 Tore, 3 Paar Ringe, 6 Basketballkörbe, 2 Sprossenwände, 6 Bänke Geräteraum: 1 großes Trampolin, 1 Barren, 3 große Weichbodenmatten, 4 keine Weichbodenmatten, 1 Turnpferd, 4 große Kästen, 7 kleine Kästen, 21 Jumps, 4 Sprungbretter, 4 Battle Rope, 3 Volleyballnetze, 16 Turnmatten, 60 Gymnastikmatten, divers Kleinmaterial, wie 60 Reifen, 20 Hockeyschläger, 10 Liegestützgriffe, 14 Medizinbälle (2-5kg), 20 Kettle Bells (6x12kg, 6x8kg, 8x4kg), 6 Power Bags, 40 Seilchen, Hüttchen, Soft-, Volley-, Fuß-, und Basketbälle, diverses Spielmaterial für Kinder zwischen 3 und 8 Jahren.

Tabelle 1 Darstellung der räumlichen und apparativen Ressourcen (anonymisiert, 2017)

Alle Kursräume verfügen über Musikanlagen, Heizungen, Lüftungen, wie auch dimmbares Licht.

4.2.1.3 Anpassung der Ablauforganisation

Derzeit können Schwangere mit Vorlage des Mutterpasses in der Mitgliederverwaltung den Vertrag sofort kündigen oder den Vertrag stilllegen lassen. Die Dauer, wie lange der Vertrag still gelegt werden soll, kann die Schwangere selbst entscheiden. Dies können wenige Tage bis Jahre nach der Geburt sein. Mit dem Kurskonzept soll den Schwangeren das Recht erhalten bleiben, jederzeit kündigen zu können. Vor einer Kündigung, sollte ein Beratungsgespräch zum Thema Sport in der Schwangerschaft durchgeführt werden. Eine optimale Lösung wäre, eine Schwangerschaftsbeauftragte einzuführen. Die Frauen müssen sich vor der Kündigung der Mitgliedschaft einen Termin bei der Schwangerschaftsbeauftragten einholen. Zunächst werden die Frauen über mögliche Bewegungsangebote und Sportempfehlungen für Schwangere informiert und über Vorteile für Mutter und Kind aufgeklärt. Anschließend kann frei gewählt werden, ob sie den Vertrag ruhen lassen, kündigen oder den Sport beim Verein fortsetzen. Das Kündigungsrecht bleibt bestehen, damit Frauen bei einer Risikoschwangerschaft aus dem Verein jederzeit austreten können.

4.2.1.4 Anpassung der Aufbauorganisation

Vor Beginn des Trainings findet eine gründliche Anamnese der Kursteilnehmerinnen stattfinden. Durch die Anamnese erhält die Übungsleiterin somit einen ersten Überblick über die Kursteilnehmerinnen, u.a. in welcher Schwangerschaftswoche sie sind. Das Anamnesegespräch führt die eingeführte Schwangerschaftsbeauftrage durch. Diese zuvor erwähnte Schwangerschaftsbeauftragte kann eine hauptamtliche Mitarbeiterin sein, die im Kursbereich auch als Übungsleiterin arbeitet und sich im Bereich Sport in der Schwangerschaft weiterbildet. Die Schwangerschaftsbeauftragte kann im Beratungsgespräch ein Grundvertrauen aufbauen und diese im Kurs ausbauen. Bei Risikoschwangerschaften oder gesundheitlichen Auffälligkeiten der schwangeren Frau, ist die Erlaubnis für Sport in der Schwangerschaft vom Arzt schriftlich einzuholen. Nach einem Beratungstermin und der Anamnese können die Frauen sich für den Kurs anmelden und beginnen. Für alle Kurse, die im Verein angeboten werden, werden die zugehörigen Kursanmeldungen in der Mitgliederverwaltung gesammelt und eingegeben. Die Stelle als Schwangerschaftsbeauftragten im genannten Verein muss neu geschaffen werden. In einem weiteren Schritt stellt diese Mitarbeiterin die Kooperationen mit weiteren Partnern her, wie z.B. Gynäkologen, Hebammen, Krankenkassen und zum Bildungswerk, wie die Caritas.

4.2.2 Darstellung der notwendigen Ressourcen

Für den Erfolg des Kurses müssen folgende Ressourcen vorhanden sein. Es wird ein Raum benötigt, der für die zwanzig Teilnehmerinnen und eine Kursleiterin ausreihend Platz für Bewegungen bietet. Der Raum muss Fenster zum Lüften und eine Heizung beinhalten. Zusätzlich sollte eine Spiegelwand vorhanden sein, um den Spiegel als Hilfestellung bei Übungen zu nutzen. Da viele Frauen an Übelkeit leiden, sollten keine Gerüche z.B. aus einer benachbarten Küche hineinkommen können. Zudem sollte durch passendes Licht, Boden, Wandfarbe eine gemütliche Atmosphäre entstehen. Wegen des häufigen Harndrangs der Schwangeren, sollten sich Sanitäranlagen in der Nähe des Kursraumes befinden. Für die Kurseinheiten werden diverse Kleinmaterialien, wie Hanteln, Balance Pads und Kissen benötigt. Alle Materialien müssen in einem einwandfreien Zustand für mindestens 21 Personen vorhanden sein. Die detaillierte Aufführung aller benötigten Materialien befindet sich unter 5.1 „Darstellung eines Kurskonzeptes für schwangere Frauen". Selbstverständlich sollte eine Grundversorgung von Wasser und Strom bestehen. Neben den räumlichen und apparativen Ressourcen wird eine erfahrene, ausgebildete Kursleiterin benötigt, wie zuvor unter 4.1.5 „personelle Voraussetzungen" dargestellt. Weiteres Personal wird in der Verwaltung und Reinigung des Kursraumes benötigt. Die räumlichen und apparativen Ressourcen bringt der Sportverein optimal mit. Dadurch, dass der Kurs 55 Minuten dauert, kann vor Beginn des Kurses nochmal durchgelüftet werden, falls vorher ein anderer Kurs im Raum stattgefunden hat. Die personellen Ressourcen müssen, wie bereits beschrieben angepasst werden.

4.2.3 Marktanalyse

Der Sportverein strebt mit seinem Leitbild an, alle Einwohner der Stadt, Freizeit-, Sport- und Bewegungsangebote anzubieten. Um der gesamten Bevölkerung der Stadt ein Angebot zu bieten, werden von „Babys in Bewegung", zu Kinderangeboten im Breitensport oder abteilungsspezifische Sportarten, wie Bewegung für Erwachsene, in Kursen, Fitnessstudio oder Abteilungen bis hin zu Seniorenangeboten aufgestellt. Die Lage des SportOsts befindet sich am östlichen des Stadtrands. Eine Hauptstraße führt vom Stadtzentrum zum SportOst. Der Standort hat eine gesamte Fläche von 5,4 Hektar. Davon hat das Gebäude eine Grundfläche von 0,57 Hektar. Hier stehen über ca. 100 Parkplätze zur Verfügung, der ohne Gebühr oder Schranke zugängig ist. Mit Fahrrad ist der SportOst durch eine Nebenstraße gut zu erreichen, wo auch der Stadtbus alle 30 Minuten fährt (Stadtwerke, 2015). Das

SportWest befindet sich westlich der Stadt und ist vom Stadtzentrum fünf Minuten mit dem Fahrrad und vier Minuten mit dem Auto entfernt (Google, 2017). Auch das SportWest ist mit dem Bus gut zu erreichen (Stadtwerke, 2015). Das SportWest ist im Vergleich zum SportOst wesentlich kleiner und besitzt eine Gesamtgrundfläche von 0,4 Hektar. Das Gebäude hat eine Grundfläche von 1600m². Der Parkplatz am SportWest ist mit einer Schranke versehen, mit dem Vorhalten der Mitgliedskarte öffnet sich diese. Bei der Bestimmung des Marktgebiets wurde die Zeit-Distanz-Methode ausgewählt.

Durch die zwei Standorte wurde 2016 das Marktgebiet eins erweitert. Das Marktgebiet eins ist durch eine Autofahrtzeit 8-10 Minuten definiert und das zweite Marktgebiet ist durch eine Autofahrzeit zwischen 15-17 Minuten zu einem der Standorte definiert. Das Marktgebiet eins des SportOst ist 37,7km² groß. Das Marktgebiet eins des SportWest ist 52,2km² groß. Insgesamt ist das Marktgebiet mit einschließlich Marktgebiet zwei 428km² groß (Google, 2017).

Konkurrent	Anzahl in Marktgebiet 1	Anzahl in Marktgebiet 2	Insgesamt
Fitnessstudio	7	4	11
Sportvereine (ohne Fußballvereine)	1	3	4
EMS-Studio	1	0	1
Personal-Traninig	1	0	1
Hebammen	4	4	2
Krankenhaus	1	0	1
Schwangerschaftsberatung des Caritasverband e.V.	1	0	1

Tabelle 2 Übersicht der Konkurrenten im Marktgebiet
(Google, 2017)

Die Stadt ist geografisch durch den Fluss „Ems" geteilt. Durch die Standortwahl den SportOst rechts der Ems und das SportWest links der Ems, gibt es nur im Stadtzentrum eine kleine Überschneidung des Marktgebiets eins. Die zwei Standorte ergänzen sich perfekt. Die Stadt hat im Jahr 2016 1.974 Geburten gezählt, dies ist eine Steigerung von 6% zum Vergleich zum Vorjahr (Stadt anonymisiert, 2017). Daraus ist abzuleiten, wenn die Entwicklung so bleibt, steigt das Potenzial der Mitglieder für das Kurskonzept Sport in der Schwangerschaft. Im Marktgebiet befinden sich Konkurrenten, wie Fitnessstudios die Gerätetraining und Kursprogramme anbieten. Derzeit ist der Sportverein Marktführer in der Stadt und Umgebung. Eine weitere Stärke ist das umfangreiche Angebot von jung bis alt. Kein anderer Verein im Marktgebiet verfügt über so viele Kursräume, einer eigenen Sporthalle, Außengelände und zwei eigenständigen Fitnessstudios. Das Kursprogramm ist mit 152 Kurs an beiden Standorten zusammen das größte Angebot. Ein weiterer Vorteil ist die Flexibilität zwischen beiden Standorten. Die konkurrierenden Fitnessstudios und Sportvereine bieten zudem alle keine Kurse für schwangere Frauen an. Hebammen sind jeweils vier im Marktgebiet eins und zwei vertreten. Die Hebammen, sowie das Krankenhaus, bieten Geburtsvorbereitungskurse an. Eine Hebamme im Marktgebiet eins bietet zusätzlich Yoga für Schwangere an. Somit ist das Kursangebot in Stadt und Umgebung für Schwangere sehr gering. Im Vergleich zu anderen Studios, ist der Sportverein etwas teurer. Jedoch zeigt die jährliche positive Entwicklung der Mitgliederzahlen, dass das Preis-Leistungsverhältnis akzeptiert wird.

4.3 Darstellung möglicher Kooperationen

Die Kooperation kann von zwei oder mehreren Partnern eingegangen werden und sollte allen Beteiligten Vorteile am Markt bringen. Die Partner können räumliche und personelle Ressourcen, Fähigkeiten und Wissen teilen oder gemeinsam einbringen. Kooperationen könnten mit Gynäkologen, Hebammen, Krankenkassen und Familienbildungsstätten interessant sein. Durch die Kooperationen mit Gynäkologen und Hebammen kann der Wissensaustausch über das Thema auf allen Seiten optimiert werden. Zudem kann sich über interne Informationen, Wohlergehen und Veränderungen des Gesundheitszustandes der Frauen ausgetauscht werden. Durch erweitertes Wissen werden Ärzte, Hebammen und der Verein in der Beratung sicherer. Hebammen bieten häufig selber Kurse zur Geburtsvorbereitung an. Durch die Kooperation kann der Verein den Hebammen räumliche und apparative Ressourcen zur Verfügstellen, um im Verein ihre eigenen Kurse durchzuführen. Die Raumnutzung kann zu besseren Konditionen angeboten werden. Andersrum könnte die Hebamme als Dozentin für interne Schulungen für Mitarbeiter und Mitgliedern über das Thema Schwangerschaft nützlich sein. Dadurch, dass Bewegung in der Schwangerschaft präventiv und als Behandlung von Übergewicht und Folgeerkrankungen fungiert, erkranken weniger Kinder und Mütter. Für die Krankenkassen bedeutet dies, dass sie weniger Ausgaben haben. Präventivmaßnahmen sind für Krankenkassen finanziell viel günstiger als Maßnahmen zur Behandlung, z.B. von Diabetes Mellitus. Daher können Krankenkassen durch eine Kooperation mit dem Sportverein enorme Kosten einsparen.

Der Verein als Veranstalter könnte durch finanzielle Unterstützung das Konzept weiter ausbauen, den Versicherten der Krankenkassen Rabatte für den Kurs anbieten und somit die Präventivmaßnahme erweitern. Eine weitere Kooperation könnte mit dem Caritasverband geschlossen werden. Dies ist eine gemeinnützige Organisation. Der Caritasverband kann als Ansprechpartner für Schwangere, z.B. im Bereich finanzieller und rechtlicher Probleme, für alleinerziehende Mütter oder Ansprechpartner und Betreuer für Frauen, die ihr Kind während der Schwangerschaft verloren haben, zur Seite stehen (Caritasverband e.V., 2017). Die Beratung beim Caritasverband e.V. ist für alle Frauen kostenlos, vertraulich und anonym. Von der Zusammenarbeit der zwei Organisationen profitieren vor allem die schwangeren Frauen. Der Caritasverband kann den Verein als Sportanbieter empfehlen und der Verein kann den Schwangeren als Beratungsstelle den Caritasverband e.V. vorstellen. Alle Beteiligten profitieren von gegenseitigen Empfehlungen, Image Verbesserung, Kundenzuwachs und die Zufriedenheit der Kunden wächst. Insgesamt können durch Kooperationen u.a. Kosten für Personal und Werbung eingespart werden, sowie der Bekanntheitsgerad erweitert sich und durch Mitgliederzuwachs eine Umsatzsteigerung erzielt werden. Ein weiterer Schritt könnte sein, aus der Kooperation ein Netzwerk zwischen den Teilnehmern aufzubauen. An einigen Eckpunkten arbeitet der Sportverein bereits mit Krankenkassen zusammen. Zudem arbeiten Krankenkassen, Gynäkologen und Hebammen häufig bereits schon zusammen. Hieran ist zu erkennen, dass eine Netzwerkbildung zwischen allen Kooperationspartnern eine große Bereicherung wäre.

4.4 Vermarktung des Kurskonzeptes mit Hilfe des 4-P-Modells

In den nächsten Punkten wird das Kurskonzept mit Hilfe des bereits erläuterten 4-P-Modells vermarktet. Dieses beinhaltet die Produkt- und Programmpolitik, Distributions-, Kommunikations- und Kontrahierungspolitik.

4.4.1 Produkt- und Programmpolitik (Product)

Das Produkt selbst ist eine Kurseinheit und somit eine Dienstleistung. Der Kern der Leistung muss das Bedürfnis der schwangeren Frauen im Kurs befriedigen (Tomczak et al., 2014, S. 204). Die Frauen haben einen Nutzen durch die Kurseinheit, indem die Kurseinheit genau auf ihre Bedürfnisse zugeschnitten ist. Zusatznutzen sind Lerninhalte und Techniken, die die Frauen erlernen und im Alltag einbringen können, z.B. Entspannungsübungen zur Stressreduktion. Die Kurseinheiten sollten abwechslungsreich gestaltet sein, damit die Frauen unterschiedliche Ziele erreichen, Langeweile vorzubeugen, Vielseitigkeit und Spaß vermitteln, um Kundenzufriedenheit zu fördern. Die Programmpolitik in der Dienstleistungsbranche zielt auf die Qualität und das Image ab. Die Qualität der Kurseinheit wird durch eine gute Atmosphäre der Umgebung vermittelt. Dazu sollte der Raum sauber und gepflegt sein, eine ausreichende Licht- und Luftzufuhr vorliegen. Das Licht ist dimmbar, um bei Entspannungsübungen das Wohlbefinden zu optimieren. Zur Qualität trägt zudem auch die Übungsleiterin bei. Um die fachliche Qualität abzusichern, wird die Übungsleiterin speziell für den Themenbereich Sport während der Schwangerschaft ausgebildet. Des Weiteren sollte sie ein gepflegtes Erscheinungsbild aufweisen. Das Produkt zielt auf einen Nischenmarkt ab, kann sich so von der Konkurrenz abgrenzen und die schwangeren Frauen der Konkurrenz für sich gewinnen. Für einen Erfolg sollte die Servicepolitik nicht vernachlässig werden. Die Übungsleiterin steht für alle Fragen der Kursteilnehmerinnen zur Verfügung.

4.4.2 Kontrahierungspolitik (Price)

Die Preisbildung des Kurses richtet sich nach der Vereinsstruktur. Den Mitgliederinnen sollen keine zusätzlichen Kosten in der Schwangerschaft entstehen, da das Ziel ist, die Kündigungen zu reduzieren und dadurch den Umsatzverlust aufzufangen. Das Kurskonzept soll als alternatives Angebot zu anderen Kursen entstehen und wird somit im GroupFitness-Bereich aufgenommen. In diesem Teil der GroupFitness-Abteilung müssen sich die Mitglieder über die Online Plattform sportmeo.com anmelden. Ein Vorteil ist, dass der Kurs nur mit einer Mindesanzahl von vier Teilnehmerinnen stattfindet und die Grenze nach oben von zwanzig Kursteilnehmerinnen begrenzt werden kann. Die schwangeren Mitglieder können den Kurs mit den GroupFitness- Trarif (nur Kurse) oder FitnessTotal-Tarif (Fitnessstudio + Kurse) buchen. Der GroupFitness-Tarif liegt monatlich bei 24,30€ und der FitnessTotal-Tarif bei 34,30€. Über acht Wochen entspricht das mit dem GroupFitness-Tarif 48,60€ oder mit dem FitnessTotal-Tarif 68,60€. Für Nichtmitglieder wird der Kurs extern ausgeschrieben und ist für einen Preis von 79,00€ buchbar. Der Preis kommt über die zusätzlichen Verwaltungskosten zur Stande. Zudem soll ein Anreiz geschaffen werden, die Nichtmitglieder als Mitglieder zu werben. Rabatte gibt es keine. Die Zahlung erfolgt per Lastschrift vom Mitgliederkonto.

4.4.3 Distributionspolitik (Place)

Lagerung der benötigten Kleingeräte u.a. wie Hanteln, Matten oder Pezzibälle müssen berücksichtig werden. Hinter dem Kursraum V befindet sich ein 15m² großer Lagerraum, in dem die Materialien gelagert werden können. Um den Kurs durchzuführen, werden Akteure wie der Verein als Veranstaltungsort, eine Übungsleiterin als Durchführerin, wie die Schwangeren als Teilnehmerinnen benötigt. Die Abwicklung der Kursanmeldung verläuft für die Mitglieder über unser internes Anmeldeprogramm. Hier kann der Verein den Kurs einstellen, mit Laufzeit, Tag, Uhrzeit und Informationen über Raum und Trainer. Für die Mitglieder ist der Kurs wie das gesamte Kursprogramm im GroupFitness-Tarif inclusive. Nichtmitglieder müssen sich über ein Kursformular, was über die Homepage oder im Informationszentrum erhältlich ist, anmelden.

4.4.4 Kommunikationspolitik (Promotion)

Da die Hauptzielgruppe Bestandsmitglieder sind, liegt der Fokus auf vereinsinterne Werbung. Die Werbung läuft über Plakate, Flyer und Fernsehgeräte im Verein. Vierteljährlich erscheint das Vereinsmagazin, wo Sport in der Schwangerschaft als Schwerpunkt thematisiert und der Kurs beworben werden kann. Fünfmal im Jahr wird ein neuer GroupFitness Flyer erstellt, in dem der Kurs aufgenommen wird. Externe Frauen können über Printmedien, wie Zeitung und Onlineplattformen wie Facebook und Instagram und die eigene Homepage angesprochen werden. Für Nichtmitglieder wird dreimal jährlich ein Kursprogramm entwickelt und veröffentlicht, wo der Kurs für Schwangere aufgenommen werden kann. Im besten Fall finden durch das Anlaufen des ersten Kurses interne und externe Mundpropaganda statt, wodurch ein gutes Image und die Verbreitung des Kurskonzeptes entstehen.

4.5 Dokumentation und Evaluation

Um zu überprüfen, ob das Kurskonzept für schwangere Frauen im Sportverein seine Ziele erreicht, können Kennzahlen ermittelt und überprüft werden. Zunächst wird überprüft, ob der Kurs ausgelastet ist. Eine Methode hierfür sind Teilnehmerlisten. Eine Alternative wäre, vor dem Raum ein Check-In zu installieren, bei dem sich alle Kursteilnehmerinnen mit ihrer Mitgliedskarte einchecken müssen. Weitere wichtige Kennzahl die zur Überprüfbarkeit genutzt werden sollten, sind die Kündigungsrate der Frauen im Alter zwischen 29 und 31 Jahren, wie die Anzahl der Neuzugänge in den Jahrgängen. Die Kündigungsrate sollte wesentlich geringer ausfallen und die Neuanmeldungen steigen. Letztendlich sollte sich der Erfolg des Kurskonzeptes am Umsatz der entsprechenden Abteilung Fitness und GroupFitness bemerkbar machen.

4.6 Kostenanalyse

In der Kostenanalyse wird ermittelt, wie viele Teilnehmer den Kurs buchen müssen, um die Kosten zu decken. Dies wird mit Hilfe des Break Even Point errechnet. Der Break Even Point ist der Punkt, an dem die Kosten und der Erlös genau gleich hoch sind. Es wird weder Gewinn noch Verlust erzielt (Hubert, 2015, S.79).

Kosten	eine Einheit	acht Einheiten
Fixe Kosten		
Übungsleiterkosten, zusätzliche Kosten für Vor- und Nachbereitungszeit	30€	240€
Personalkosten für Verwaltung, Kurskonzeptplanung, Erstellung für Werbung	28,13€	225€
Werbung Zeitungsartikel 8 Plakate in A4 500 Flyer A5	0,50€ 2,73€	Kostenlos 4,00€ 16,92€ + 4,95€ Versand
GEMA	0,52€	4,16€
Raumkosten	10€	80€
Reinigungskosten	2,88€	23,04€
Stromkosten	0,82€	6,56€
Gas, Wasser, Abwasser	2,31€	18,48€
Fix Kosten Gesamt	77,89€	623,11€
Variable Kosten Abnutzung der Sportmaterialien, wie z.B. Matten	0,50€	4,00€

Tabelle 3 Kostenübersicht
(eigene Darstellung)

Berechnung des Break Even Points

Fixe Kosten (Kf)   623,11€

Variable Kosten (Kv) pro Stück   4,00€

Verkaufspreis   für Mitglieder (VKP)   48,60€

die mindestens Teilnehmerzahl   Y

Formel:

$$Y = \frac{Kf}{(VKP - Kv)} = \frac{623{,}11€}{(48{,}60 - 4)} = 13{,}97$$

Prüfung:

Kf + Kv x Y = VKP x Y

623,11€ + 4 x 13,97 = 48,60€ x 13,97

678,99€ = 678,94€

Es besteht mit 13,97 Mitgliedern noch eine Differenz von 0,05€. Da jedoch nur ganze Personen teilnehmen können, wird auf 14 Teilnehmer gerundet.

623,11€ + 4 x 14 = 48,60€ x 14

679,11€ = 680,40€

Somit sind mit 14 Teilnehmerinnen die gesamten Kosten für den Kurs über acht Einheiten gedeckt. Bei 14 Teilnehmern entsteht ein Gewinn von 1,29€. Da Nichtmitglieder mehr für den Kurs zahlen, ist je nach Menge der Nichtmitglieder der Break Even Point ehr erreicht.

5 Ergebnisse

In den folgenden zwei Abschnitten wird das in Abschnitt 4.1 „Aufbau des Kurskonzeptes" für Schwangere in seinem Ablauf tabellarisch und anschließend inhaltlich ausführlich dargestellt. Da die Kursleitung aus beschriebenen Gründen bereits Erfahrung im Gruppentraining vorweisen sollte (siehe Abschnitt 4.1.5 „personelle Voraussetzungen"), werden die Grundübungen und Schritte aus dem Aerobic und Step-Aerobic nicht detailliert erklärt.

5.1 Darstellung eines Kurskonzeptes für schwangere Frauen

Woche	1 „Wo stehe ich?"	2 „Ausdauer, los geht's"
Trainings-inhalt	Kraftausdauertraining	Aerobic
Primäre Trainings-ziele	Gruppendynamik fördern, Grundübungen kennenlernen, Stärkung der Muskulatur, Beweglichkeit verbessern.	Ausdauer, Koordination, Lungeneffizienz und Herz-Kreislaufsystem verbessern.
Trai-ningsinten-sität Messung	Rede-Test	Herzfrequenz: 30-50% max. Hf. 55-60% max. Hf.; max.140 Schläge/Min.
Dauer pro Trainings-einheit	55 Minuten	55 Minuten
Trainings-geräte	Spiegel, Matten	Pulsuhren

Tabelle 4 Darstellung des Kurskonzeptes im Mesozyklus Woche 1.-2.
(eigene Darstellung)

Woche	3 „Mein Rücken im Alltag"	4 „Kraftaufbau im Zirkel"
Trainingsinhalt	Haltungs-und Rückenschule	Kraftausdauertraining
Primäre Trainingsziele	Wissensvermittlung: Thema gesunde Haltung in der Schwangerschaft. Körperwahrnehmung, Koordination, Stabilisation der Rückenmuskultur.	Wissensvermittlung: Erleichterung Alltagsbewegungen und Hebelgesetze. Stärkung der Muskulatur
Trainingsintensität Messung	Borg-Skala 6-12	Borg-Skala 7-14
Dauer pro Trainingseinheit	55 Minuten	55 Minuten
Trainingsgeräte	Spiegel, Pezzibälle, Matten, Kissen, Decken, Infozettel „die gesunde Haltung"	Soft-, Volley-, Tennis-, Tischtennisbälle, Lang- und Kurzhanteln mit Gewichten, Medizinbälle, Therabänder, Steps

Tabelle 5 Darstellung des Kurskonzeptes im Mesozyklus Woche 3.-4.
(eigene Darstellung)

Woche	5 „Power, fertig, los"	6 „Entspannung muss sein"
Trainingsinhalt	Step-Aerobic	Entspannungstraining
Primäre Trainingsziele	Ausdauer, Koordination, Lungeneffizienz und Herz-Kreislaufsystem verbessern.	Entspannungstechniken vermitteln, Entspannung, Stressbewältigung, Körperwahrnehmung, Beweglichkeit
Trainingsintensität Messung	Herzfrequenz 30-50% max. Hf., 55-60% max. Hf., max.140 Schläge/Min.	Rede-Test Cool-down: Borg-Skala 6-7
Dauer pro Trainingseinheit	55 Minuten	55 Minuten
Trainingsgeräte	Pulsuhren, Steps	Pezzibälle, Matten, Kissen, Decken

Tabelle 6 Darstellung des Kurskonzeptes im Mesozyklus Woche 5.-6.
(eigene Darstellung)

Woche	7 „Koordination und Schwangerschaft"	8 „Fit durch Tabata"
Trainingsin-halt	Koordinationstraining	Kraftausdauertraining
Primäre Trainingsziele	Koordination, Körperwahr-nehmung, Beweglichkeit ver-bessern, Gruppendynamik för-dern.	Stärkung der Muskulatur, Ko-ordination verbessern.
Trainingsin-tensität Messung	Rede-Test	Herzfrequenz 30-50% max. Hf. 55-60% max. Hf.; max.140 Schläge/Min.
Dauer pro Trainingsein-heit	55 Minuten	55 Minuten
Trainingsgerä-te	Pezzibälle, Seile, Wippen, The-rapiekreisel, Balance Pads, Ba-lance Trainer, Bälle, Schlingen Trainer, Matten	Pulsuhren, Kurzhanteln, Lang-hanteln mit Gewichten

Tabelle 7 Darstellung des Kurskonzeptes im Mesozyklus Woche 7.-8.
(eigene Darstellung)

5.2 Darstellung der einzelnen Kursinhalte

Jede Kurseinheit setzt sich aus einem Einstieg, einem Hauptteil und einem Schlussteil zusammen. Der Einstieg ist gekennzeichnet durch die Begrüßung und das Warm-up, bei dem das Herz-Kreislaufsystem aktiviert und die Durchblutung angeregt wird. Speziell die im Trainingsprogramm beanspruchten Gelenke und Bänder werden auf weitere Übungen vorbereitet. Der Hauptteil beinhaltet in je-der Stunde einen Schwerpunkt, um jeden wichtigem Lerninhalt gerecht zu wer-den. Der Schlussteil besteht aus Cool-down, um den Kreislauf in den Ausgangszu-stand zu bringen. Dem Cool-down schließt sich die Verabschiedung aller Teilneh-merinnen an. Da der Kurs von erfahrenen Kursleiterinnen aus dem Gruppentrai-ning geleitet werden soll, werden Grundübungen wie z.B. Kniebeuge und Aerobic und Aerobic-Step Schritte an dieser Stelle nicht genauer erklärt.

Begrüßung (10 Minuten)
Inhalt: Vorstellung der Kursleitung, organisatorische Rahmenbedingungen, Inhalte vorstellen, Ziele der acht Woche und der ersten Kurseinheit. Rede-Test erklären.
Ziele: Kennenlernen der ÜL und TN, Kennenlernen des Kurskonzeptes, Interesse we-cken für das Kurskonzept.
Material: keins

Allgemeines Warm-up (5 Minuten)

Inhalt: Kennlernspiel: Bewegungsspiel in der Halle. Steigung von Gehen zu Laufen. Variation: vorwärts, rückwärts, seitwärts. Nach 30 Sec. wird die Musik gestoppt. Mit dem TN den man zufällig trifft, findet ein kurzer Austausch statt. 1.Stopp „Name"; 2.Stopp „Schwangerschaftswoche"; 3.Stopp „Schwangerschaftsbeschwerden"; 4.Stopp „Leistungslevel (inaktiv oder sportlich)".

Ziele: Kennlernen der TN; Gruppendynamik fördern, Herz-Kreislaufsystem und Körpertemperatur anregen, Vorbereitung auf die laufende Stunde, Rede-Test erstmals anwenden.

Belastungsgefüge: 30 Sec. Belastung, 30 Sec. Pause. Rede-Test.

Material: keins

Spezielles Warm-up (5 Minuten)

Inhalt: Alle TN stehen im Kreis. Schultern von vorne nach hinten kreisen, Richtung wechseln. Becken anspannen, 30 Sec. halten und lockern. Becken nach vorne und hinten kippen, Becken kreisen, Richtung wechseln. Füße abwechselnd kreisen, Richtung wechseln. Langsam auf Zehenspitzen stellen und kontrolliert absenken.

Ziele: Mobilisierung der Gelenke, Beckenbodenstärkung, Venentraining zur Prävention von Varizen und Thrombosen

Belastungsgefüge: je Übung 5Wdh., Übungen langsam, kontrolliert durchführen

Material: keins

Hauptteil (25 Minuten)

Inhalt: TN stehen auf Lücke, um sich im Spiegel sehen zu können. Alle TN bleiben am eigenen Platz.

Es wird das rückengerechte Aufstehen von der Matte erklärt und gezeigt.

Die 1.Übung wird erklärt (Technik, beanspruchte Muskeln, Ziel der Übung) und demonstriert. TN führen Übung 20Wdh. durch, ÜL korrigiert TN. Übung 2, 3, 4 und 5 gleiche Durchführung.

<u>Übungen:</u>

1. Kniebeuge (Spiegel zur Hilfestellung)

2. Rückendiagonale (stabiler Vierfüßlerstand, Blick Richtung Boden. Drei Varianten: 1.Beine abwechselt nach hinten ausstrecken, sodass das Bein eine Linie mit dem Rücken bildet. 2. Arme abwechselt nach vorne ausstrecken, sodass die eine Linie mit dem Rücken bilden. 3. rechts Bein nach hinten und gleichzeitig linker Arm nach vorne ausstrecken. Arm und Bein sind auf Höhe vom Rücken. Seiten wechseln.)

3. Hüftstrecker im Vierfüßlerstand (stabiler Vierfüßlerstand, Blick Richtung Boden. Ein Bein wird angehoben, das Kniegelenk im 90° Winkel, Fußsohle zeigt Richtung Decke, kleine Bewegung mit dem Fuß Richtung Decke bewegen.)

4. seitlicher Unterarmstütz, mit kurzen oder mittleren Hebel (seitliche Lage einnehmen, Unterarm auf den Boden ablegen, Schulter- und Ellenbogengelenk bilden eine Linie, Knie leicht angewinkelt. Kurzer Hebel: Becken auf Boden ablegen. Mittlerer Hebel: Becken anheben und Rumpfmuskulatur stabilisieren.)

5. Liegestütz mit aufgesetzten Knien.

Ziele: Kennenlernen neuer Übungen, Einschätzen des eigenen Fitnesslevels, Kräftigung der Muskulatur: Bein-, Rücken-, Nacken- und Schulterbereich, Becken-, Brust-,seitliche Bauchmuskeln. Wissensvermittlung: Hebelverhältnisse, rückengerechtes tragen von Gewichten im Alltag, Nutzen des Rede-Tests, Gruppendynamik fördern.

Belastungsgefüge: Rede-Test. 20Wdh.pro Übung, zwischen den Übungen 30 Sec. Pause, nach dem Durchgang der 5 Übungen eine Pause von 2 Min., 3 Durchgänge.

Material: Spiegel, Matten

Cool-down (5 Minuten)

Inhalt: <u>dynamisches Dehnen:</u> Hüftbeuger im Stand: Fuß am Sprunggelenk umfassen, Richtung Gesäß führen, Hüfte aufrichten, Standbein im Kniegelenk leicht gebeugt. Oberer Rücken: Stabiler Stand, Hände greifen vor den Körper, Handflächen zeigen nach innen, aktiv nach vorne ziehen, oberen Rücken rund machen, Schulterblätter auseinander ziehen. Blick Richtung Boden. seitliche Nackenmuskulatur: Stabiler Stand, Kopf dreht nach links/rechts, entgegengesetzte Hand zieht zum Boden, Kinn seitlich zur Brust absenken. Brustmuskulatur: Stabiler Stand, Ellenbogen im 120°Winkel, Ellenbogen auf Schulterhöhe, Daumen zeigen nach hinten, aktiv durch die Schulterblätter nach hinten ziehen. seitliche Bauchmuskeln: Hüftbreiter Stand, nach links beugen, Blick zeigt nach vorne, rechter Arm zieht über den Kopf zur linken Seite. Seite wechseln. Ischiocrurale Muskelgruppe: Ausfallschritt nach vorne. Füße zeigen nach vorne und bleiben am Boden, Rücken gerade, Blick nach vorne, Gewicht nach vorne schieben. Rumpfextensoren: Der bekannte „Katzenbuckel".

Wie am Anfang der Stunde erlernt, rückengerechtes aufstehen. Augen schließen, langsam tief ein- und ausatmen. 3Wdh.

Ziel: Beweglichkeit fördern, Herz-Kreislaufsystem in den Ausgangszustand bringen, Entspannung.

Belastungsgefüge: Rede-Test. 20-mal leichtes federn in die Dehnung. 3 Sätze pro Seite und Übung

Material: Matte

Abschluss (5 Minuten)

Inhalt: Reflexion der Stunde, Ausblick auf die nächste Stunde, Verabschiedung.

Ziele: Verinnerlichen und kognitives Festigen des Erlernten, Umsetzung in den Alltag, Interesse wecken für die folgende Stunde, Handlungskompetenz fördern.

Material: keine

Tabelle 8 1. Kurseinheit „Wo stehe ich"
(eigene Darstellung)

Begrüßung (5 Minuten)

Inhalt: Organisatorisches, Inhalte vorstellen, Ziele der Kurseinheit, Reflexion der letzten Kurseinheit.

Ziele: Festigung des Erlernten, Einstimmen auf die kommende Stunde, Leistungsbereitschaft fördern.

Material: keins

Allgemeines + spezielles Warm-up (8 Minuten)

Inhalt: Herzfrequenz und Pulsuhren erklären. Beim Aerobic auf eine aufrechte Haltung achten und Füße bei den Schritten abrollen. Die Spalten von oben nach unten lesen.

32x March 16x Knee lift 8x Heel Dig 16x Knee lift zur Mitte

32x Toe Tap 8x March 8x Knee Lift 16x Step Touch

32x Heel Dig 8x Toe Tap 32x Step Touch 16x Leg Curl

32x Knee lift 8x Heel Dig 32x Knee lift zur Mitte 16x Step Touch + Schultern kreisen

16x March 8x Knee Lift 32x Step Touch 16x Knee lift zur Mitte + Arme zum Knie ziehen

16x Toe Tap 8x March 32x Leg Curl 16x Step Touch + Schultern kreisen

16x Heel Dig 8x Toe Tap 16x Step Touch 16x Leg Curl + Schultern kreisen

Ziele: Herz-Kreislaufsystem und Körpertemperatur anregen, Gelenkflüssigkeit erhöhen, Vorbereitung auf die laufende Stunde. Intensitätssteuerung mithilfe der Pulsuhren kennenlernen.

Belastungsgefüge: Herzfrequenz: 30-50% max. Hf.

Material: Pulsuhren

2 Minuten Trinkpause, Herzfrequenz vergleichen, besprechen.

Hauptteil (25 Minuten)

Inhalt:

Part I:	Part II:	Part III:
32x March	16x Step Touch + Butterfly	8x March
32x Step Touch	32x Double Step Touch + Butterfly	16x Grapevine
32x Side to Side	16x Step Touch + Butterfly	8x Step Touch
32x Side to Side + Bizeps Curl	32x Double Step Touch + Butterfly	8x Grapevine
32x Step Touch	16x Step Touch + Butterfly	4x Step Touch
32x Double Step Touch	32x Double Step Touch + Butterfly	8x Grapevine
32x Double Step Touch + Bizeps Curl	16x Step Touch + Butterfly	4x Step Touch
32x Step Touch	16x Side to Side	8x Grapevine
32x V-Step	16x Leg Curl + Bizeps Curl	4x Step Touch
32x V-Step + Bizeps Curl	16x Side to Side	8x V-Step + Arme gerade hoch
32x Step Touch	16x Knee Lift schräg + Bizeps Curl	4x Step Touch
32x A-Step	8x Step Touch	8x A-Step + Arme gerade hoch
32x A-Step + Bizeps Curl	16x Double Step Touch	4x Step Touch
16x Step Touch	8x Step Touch	4x V-Step + Arme gerade hoch
16x V-Step + Bizeps Curl	16x Double Step Touch	2x die Kombination:
16x Step Touch	4x Step Touch	8x Step Touch
16x A-Step + Bizeps Curl	16x Grapevine	8x V-Step + Arme gerade hoch
16x V-Step + Bizeps Curl	4x Step Touch	8x A-Step + Arme gerade hoch
16x A-Step + Bizeps Curl	16x Grapevine	8x Leg Curl
	8x March	2x die Kombination:
		4x Step Touch
		4x V-Step + Arme gerade hoch
		4x A-Step + Arme gerade hoch
		4x Leg Curl
		8x March

Ziele: Herz-Kreislaufsystem stärken, Lungeneffiziens, Ausdauer und Koordination verbessern, Spaß an der Bewegung vermitteln.

Belastungsgefüge: 55-60% max. Hf., max. 140 Schläge/Min., Zwischen den Parts

1Min. Pause. Material: Pulsuhren
Cool-down (10 Minuten) Inhalt: Die Spalten von oben nach unten lesen. 16x Leg Curl + Arme zum Bauch ziehen 16x Step Touch 8x Toe Tap 16x Heel Dig 16x Step Touch + Schultern kreisen 32x Leg Curl 8x March 16x Toe Tap 16x Knee Lift zur Mitte + Arme zum Knie ziehen 32x Step Touch 8x Knee Lift 16x March 16x Step Touch + Schultern kreisen 32x Knee Lift zur Mitte 8x Heel Dig 32x Knee Lift 16x Leg Curl 32x Step Touch 8x Toe Tap 32x Heel Dig 16x Step Touch 8x Knee Lift 8x March 32x Toe Tap 16x Knee Lift zur Mitte 8x Heel Dig 16x Knee Lift 32x March Locker auf der Stelle laufen. Arme mitschwingen. Schultern kreisen. Langsam gehen. Auf Zehenspitzen stellen und sich mit den Armen lang nach oben strecken, kontrolliert absenken. Stressbewältigung: Locker hinstellen und den eigenen Körper abklopfen. „Stressabklopfen". 3x tief ein- und ausatmen. Ziele: Herz-Kreislaufsystem in den Ausgangszustand bringen, Kennenlernen einer Stressbewältigungsmethode. Belastungsgefüge: Herzfrequenz: 30-50% max. Hf. Material: Pulsuhren
Abschluss (5 Minuten) Inhalt: Reflexion der Stunde, Ausblick auf die nächste Stunde, Verabschiedung. Ziele: Verinnerlichen und kognitives Festigen des Erlernten, Umsetzung in den Alltag, Interesse wecken für die folgende Stunde, Handlungskompetenz fördern. Material: Pulsuhren

Tabelle 9 2. Kurseinheit „Ausdauer, los geht´s"
(eigene Darstellung)

Begrüßung (5 Minuten) Inhalt: Organisatorisches, Inhalte vorstellen, Ziele der Kurseinheit, Reflexion der letzten Kurseinheit, Handhabung der Borg-Skala erklären. Ziele: Festigung des Erlernten der letzten Stunde, Einstimmen auf die kommende Stunde, Leistungsbereitschaft fördern. Material: keins
Allgemeines + spezielles Warm-up (10 Minuten) Inhalt: Gerade, mittig auf den Ball setzen. Füße hüftbreit aufstellen. Schulter und Arme locker lassen. Blick nach vorne. Diese Position bewusst wahrnehmen (1Min.). Folge Bewegungen langsam, kontrolliert durchführen. Becken im Wechsel links/rechts kippen. Je Seite 30Sec. halten. Becken kreisen, Richtungen wechseln. In die Ausgangsposition zurückkommen, nochmal bewusst die Position wahrnehmen (1Min.). Mittig sitzen bleiben. Schultern kreisen von vorne nach hinten, von hinten nach vorne. Hände fassen an das Schultergelenk, Ellenbogen führen die Bewegung der Schultern nach vorne und hinten kreisen. Grundposition einnehmen. Beine abwechselnd anheben und nach vorne ausstrecken. Arme parallel mitschwingen. Ziele: Körperwahrnehmung, Haltungsverbesserung zur Linderung der Rücken-

schmerzen, Vorbereitung auf die laufende Stunde, Mobilisierung der Schulter- und Nackenmuskulatur.

Belastungsgefüge: Borg-Skala 7-9. Übungen 5Wdh. pro Seite

Material: Pezzibälle

Hauptteil (30 Minuten)

Inhalt: Ziele und Handhabung des Rede-Tests mit den TN wiederholen. TN stehen auf Lücke vor dem Spiegel. Stunde wird Barfuß oder in Socken durchgeführt.

Wissensvermittlung: Kennzeichen einer gesunden Haltung zusammen mit TN erarbeiten.

TN nehmen zunächst die jetzige Haltung genau wahr. Wo drückt, zieht oder schmerzt es. Anschließend bewusst eine gesunde Haltung aufbauen. Gesunde Haltung: Brustbein anheben, Bauchnabel leicht zum Baby ziehen, Beckenboden leicht angespannt, Lendenwirbelsäule abgeflacht, Steißbein sinkt zum Boden, leicht gebeugte Knie, Fußgewölbe leicht angehoben, Gewicht gleichmäßig auf die Beine verteilt (Wiecers, 2017, S.27). Gleiche Übung im Wechsel mit Partner und ohne Spiegel durchführen.

Pendel-Übung: Zu dritt in eine Gruppe gehen. Zwei Partner stehen sich gegenüber, eine Person in der Mitte. Diese lässt sich durch Gewichtsverlagerung leicht nach vorne und hinten kippen. Die Partner nehmen TN auf und stützen. Langsames, kontrolliertes Kippen. Variation: Augenschließen.

Einbeinstand: Partnerübung. Voreinander stellen, Beide stellen sich auf ein Bein, zur Hilfestellung wird sich eine Hand gegeben. Wenn dies gut klappt, versucht ein TN die Augen zu schließen, Steigerung beide TN schließen die Augen.

Ziele: Wissensvermittlung bezüglich Haltung, Veränderung des Körperschwerpunktes, Körperwahrnehmung, Koordination, Gruppendynamik fördern, Verbesserung der Haltung, Stabilisation der Rückenmuskulatur.

Belastungsgefüge: Borg-Skala 12-14. Übungen Haltung: 1Min. halten, 30Sec. lockern, 5 Sätze,

Pende-Übung: 3 Sätze

Material: Spiegel, Matten

Cool-down (5 Minuten)

Inhalt: Körperreise: Die TN liegen bequem auf einer Matte, rechte seitliche Lage ist optimal. Mit Kissen und Decken können sich TN eindecken. Gedanken zu den Muskeln und Kind lenken.

Ziele: Schulung der Wahrnehmung, Beziehung stärken zwischen Mutter und Kind, Herz-Kreislaufsystem in den Ausgangszustand bringen.

Belastungsgefüge: Borg-Skala 6

Material: Matten, Decken, Kissen

Abschluss (5 Minuten)

Inhalt: Der Abschluss findet auf der Matte statt. TN können noch liegen bleiben. Reflexion der Kurseinheit. Ausblick auf die nächste Stunde. Langsames Aufstehen der TN. Infoblatt zur richtigen Haltung verteilen. Hausaufgabe: Täglich auf eine gesunde Haltung achten, Körperhaltung im Alltag analysieren. Verabschiedung.

Ziele: Verinnerlichen und kognitives Festigen des Erlernten, Umsetzung in den Alltag, Interesse wecken für die folgende Stunde, Handlungskompetenz fördern.

Material: Matten, Decke, Kissen, Infozettel „die gesunde Haltung"

Tabelle 10 3. Kurseinheit „Mein Rücken im Alltag"

(eigene Darstellung)

Begrüßung (5 Minuten)

Inhalt: Organisatorisches, Inhalte vorstellen, Ziele der Kurseinheit, Reflexion der letzten Kurseinheit. Hausaufgabe besprechen. Wichtige Punkte der Haltung wiederholen. Handhabung der Borg-Skala wiederholen.

Ziele: Festigung des Erlernten, Einstimmen auf die kommende Stunde, Leistungsbereitschaft fördern.

Material: keins

Allgemeines + spezielles Warm-up (8 Minuten)

Inhalt: Die TN stehen im Kreis. Jeder TN wirft immer der gleichen Person einen Ball zu. Die TN müssen sich merken, von wem der Ball gekommen ist und zu wem sie selbst den Ball werfen. Der Kreislauf muss geschlossen sein, sodass jede TN den Ball erhalten und weitergeben hat. Nun laufen alle TN durch die Halle. Im Umlauf sind vier unterschiedliche Bälle (Soft-, Volley-, Tennis-, Tischtennisball). Die TN werfen den Ball in der gleichen Reihenfolge aus dem Kreis zu.

Ziele: Festigung des Erlernten, Koordination und Orientierungsreaktion verbessern, Herz-Kreislaufsystem und Körpertemperatur langsam anregen, Vorbereitung auf die laufende Stunde, Gruppendynamik fördern.

Belastungsgefüge: Borg-Skala 7-9

Material: Softball, Tennisball, Tischtennisball, Volleyball

2 Minuten Trinkpause

Hauptteil (25 Minuten)

Inhalt: Zirkeltraining. Übungen werden erklärt (Technik, beanspruchte Muskeln, Ziel der Übung) und demonstriert.

Übungen:

Kreuzheben mit Langhantel,

Kniebeuge mit Medizinball,

seitliche Bauchmuskeln mit Kurzhantel trainieren (aufrechter Stand, Blick nach vorne, eine Hantel in der Hand. Mit der Hantel seitlich Richtung Boden wandern, bis ungefähr auf Kniehöhe).

oberen Rücken mit Theraband trainieren(aufrechter Stand, Blick nach vorne, zwischen den Händen wird auf Spannung ein Theraband gehalten. Dies über den Kopf auf Spannung bringen. Ellenbogen sind leicht gebeugt. Theraband über den Kopf auseinander ziehen, das Theraband geht dadurch hinter den Kopf).

Wadentraining auf dem Step.

Ziele: Aufbau der 1.Kurseinheit, Kennenlernen neuer Übungen, Wissensvermittlung über die Themen Thrombosegefahr und Hebelwirkung, Kennenlernen des Wadentraining (Venentraining), zur Prävention von Thrombose. Lernen rückenschonender Bewegungen, durch Kreuzheben und Kniebeuge. Stabilisation der seitlichen Bauchmuskeln, Wirbelsäule stärken, Koordination verbessern, Anwendung der Borg-Skala.

Belastungsgefüge: Borg-Skala 12-14, Zirkeltraining, 2 Durchgänge; 1.Min Belastung, 1Min. Erholung, nach einem Durchgang 3Min. Pause.

Material: Langhanteln mit unterschiedlichen Gewichten, Kurzhanteln 0,5-2,0kg, Medizinbälle 1-4kg, Therabänder unterschiedliche Stärken, Steps, Bilder der Übungen für die Station

Cool-down (10 Minuten)

Inhalt: <u>statische Dehnung:</u> Hüftbeuger im Stand: Fuß am Sprunggelenk umfassen, Richtung Gesäß führen, Hüfte aufrichten, Standbein im Kniegelenk leicht gebeugt. Oberer Rücken: Stabiler Stand, Hände greifen vor den Körper, Handflächen zeigen nach innen, aktiv nach vorne ziehen, oberen Rücken rund machen, Schulterblätter auseinander ziehen. Blick Richtung Boden. seitliche Nackenmuskulatur: Stabiler Stand, Kopf dreht nach links/rechts, entgegengesetzte Hand zieht zum Boden, Kinn seitlich zur Brust absenken. Brustmuskulatur: Stabiler Stand, Ellenbogen im 120°Winkel, Ellenbogen auf Schulterhöhe, Daumen zeigen nach hinten, aktiv durch die Schulterblätter nach hinten ziehen. seitliche Bauchmuskeln: Hüftbreiter Stand, nach links beugen, Blick zeigt nach vorne, rechter Arm zieht über den Kopf zur linken Seite. Seite wechseln. Ischiocrurale Muskelgruppe: Ausfallschritt nach vorne. Füße zeigen nach vorne und bleiben am Boden, Rücken gerade, Blick nach vorne, Gewicht nach vorne schieben. Rumpfextensoren: Der bekannte „Katzenbuckel" dynamische Ausführung. Rückengerecht Aufstehen. Augen schließen, langsam tief ein- und ausatmen. 3Wdh.

Ziele: Beweglichkeit, alternatives Dehnen kennenlernen, Herz-Kreislaufsystem in den Ausgangszustand bringen.

Belastungsgefüge: Borg-Skala 7-9

Material: keins

Abschluss (5 Minuten)

Inhalt: Reflexion der Stunde, Ausblick auf die nächste Stunde, Hausaufgabe: Auf rückengerechtes Heben und Tragen von Gegenständen im Alltag achten. Verabschiedung.

Ziele: Verinnerlichen und kognitives Festigen des Erlernten, Umsetzung in den Alltag, Interesse wecken für die folgende Stunde, Handlungskompetenz fördern.

Material: keine

Tabelle 11 4. Kurseinheit „Kraftaufbau im Zirkel"

(eigene Darstellung)

Begrüßung (5 Minuten)

Inhalt: Organisatorisches, Inhalte vorstellen, Ziele der Kurseinheit, Reflexion der Hausaufgaben

Ziele: Festigung des Erlernten der letzten Stunde, Einstimmen auf die kommende Stunde, Leistungsbereitschaft fördern.

Material: keins

Allgemeines + spezielles Warm-up (10 Minuten)

Inhalt: Intensitätssteuerung der Borg-Skala beim Ausdauertraining, Kontrolle mit den Pulsuhren.

Auf eine aufrechte Haltung achten und Füße bei den Schritten abrollen. Die Spalten von oben nach unten lesen. Bei den Schritten Toe Tap, Knee lift, Leg Curl den Step mit einbauen.

32x March 16x Knee Lift 8x Heel Dig 16x Knee Lift zur Mitte

32x Toe Tap 8x March 8x Knee Lift 16x Step Touch

32x Heel Dig 8x Toe Tap 32x Step Touch 16x Leg Curl

32x Knee Lift 8x Heel Dig 32x Knee Lift zur Mitte 16x Step Touch + Schultern kreisen

16x March 8x Knee Lift 32x Step Touch 16x Knee Lift zur Mitte + Arme zum Knie ziehen

16x Toe Tap 8x March 32x Leg Curl 16x Step Touch + Schultern kreisen

16x Heel Dig 8x Toe Tap 16x Step Touch 16x Leg Curl + Arme zum Bauch ziehen

Ziele: Herz-Kreislaufsystem und Körpertemperatur anregen, Gelenkflüssigkeit erhöhen, Vorbereitung auf die laufende Stunde, Anwenden der Borg-Skala.

Belastungsgefüge: Borg-Skala 7-9, Herzfrequenz: 30-50% max. Hf., max. 140 Schläge pro Min.

Material: Pulsuhren, Steps

5 Minuten Trinkpause

Hauptteil (25 Minuten)

Inhalt: Bei den Schritten wird das Step benutzt.

Part I:	Part II:	Part III:
32x March	32x Mambo (r. /l.)	8x Mambo
32x Step Touch	32x Leg Curl	16x Over the top
32x Side to Side	32x Knee Lift schräg	8x Mambo
32x Side to Side + Bizeps Curl	32x Leg Lift Side	16x Over the top
32x Step Touch	16x Mambo (r. /l.)	8x Mambo
32x Double Step Touch	16x Leg Curl + Bizeps Curl	16x Over the top
32x Double Step Touch + Bizeps Curl	16x Knee Llift schräg + Bizeps Curl	8x Mambo
32x Basic	16x Leg Lift Side + Arm gerade zur Seite strecken	16x Over the top
32x V-Step	16x Mambo (r. /l.)	32x Basic
32x V-Step + Bizeps Curl	16x Leg Curl + Bizeps Curl	8x V-Step + Arme gerade hoch
32x Basic	16x Knee Lift schräg + Bizeps Curl	4x Basic
32x A-Step	16x Leg Lift Side + Arm gerade zur Seite strecken	8x A-Step + Arme gerade hoch
32x A-Step + Bizeps Curl	Kombination nur links, dann nur rechts. Alles 2x Wdh.:	4x Basic
16x Basic	8x Mambo	4x Mambo
16x V-Step + Bizeps Curl	8x Leg Curl + Bizeps Curl	16x Over the Top
16x Basic	8x Knee Lift schräg + Bizeps Curl	8x V-Step + Arme gerade hoch
16x A-Step + Bizeps Curl	8x Leg Lift Side + Arm gerade zur Seite strecken	8x A-Step + Arme gerade hoch
16x V-Step + Bizeps Curl	32x Mambo (r. /l.)	4x Basic
16x A-Step + Bizeps Curl	32x Basic	4x Mambo
		16x Over the Top
		8x V-Step + Arme gerade hoch
		8x A-Step + Arme gerade hoch
		4x Basic
		4x Mambo
		16x Over the Top
		8x V-Step + Arme gerade hoch
		8x A-Step + Arme gerade hoch

Ziele: Borg-Skala im Ausdauerbereich kennenlernen, Aufbau der Stunde
2.Kurseinheit, Herz-Kreislaufsystem stärken, Lungeneffiziens, Ausdauer und Koordination verbessern, Spaß an der Bewegung vermitteln.

Belastungsgefüge: Borg-Skala 12-14; Herzfrequenz: 55-60% max. Hf., max. 140Schläge pro Min.

Material: Pulsuhren, Steps

Cool-down (5 Minuten)

Inhalt: Die Spalten von oben nach unten lesen. Bei den Schritten Toe Tap, Knee Lift, Leg Curl den Step mit einbauen.

16x Leg Curl + Arme zum Bauch ziehen 16x Step Touch 8x Toe Tap 16x Heel Dig

16x Step Touch + Schultern kreisen 32x Leg Curl 8x March 16x Toe Tap

16x Knee Lift zur Mitte + Arme zum Knie ziehen 32x Step Touch 8x Knee Lift 16x March

16x Step Touch + Schultern kreisen 32x Knee lift zur Mitte 8x Heel Dig 32x Knee Lift

16x Leg Curl 32x Step Touch 8x Toe Tap 32x Heel Dig

16x Step Touch 8x Knee Lift 8x March 32x Toe Tap

16x Knee Lift zur Mitte 8x Heel Dig 16x Knee Lift 32x March

Locker auf der Stelle laufen. Arme mitschwingen. Schultern kreisen. Langsam gehen. Auf Zehenspitzen stellen und sich mit den Armen lang nach oben strecken, kontrolliert absenken.

Ziele: Herz-Kreislaufsystem in den Ausgangszustand bringen, Koordination verbessern.

Belastungsgefüge: Borg-Skala 7-9, Herzfrequenz: 30-50% max. Hf.

Material: Pulsuhren, Steps

Abschluss (5 Minuten)

Inhalt: Reflexion der Stunde, Ausblick auf die nächste Stunde, Verabschiedung.

Ziele: Verinnerlichen und kognitives Festigen des Erlernten, Umsetzung in den Alltag, Interesse wecken für die folgende Stunde, Handlungskompetenz fördern.

Material: keine

Tabelle 12 5. Kurseinheit „Power, fertig, los"

(eigene Darstellung)

Begrüßung (5 Minuten)

Inhalt: Organisatorisches, Inhalte vorstellen, Ziele der Kurseinheit, Reflexion der letzten Kurseinheit

Ziele: Festigung des Erlernten der letzten Stunde, Einstimmen auf die kommende Stunde, Leistungsbereitschaft fördern.

Material: keins

Allgemeines + spezielles Warm-up (10 Minuten)

Inhalt: Wiederholung der gesunde Haltungen (verbal und visuell). Lockeres Laufen auf der Stelle, Arme locker mitschwingen. Schultern kreisen von vorne nach hinten, von hinten nach vorne. Füße ausschütteln, Füße abwechselt kreisen, Richtung wechseln.

Ziele: Herz-Kreislaufsystem und Körpertemperatur anregen, Vorbereitung auf die Stunde, Mobilisierung der Gelenke.

Belastungsgefüge: Rede-Test

Material: keins

Hauptteil (30 Minuten)

Inhalt: <u>Progressive Muskelrelaxation im Sitzen auf einem Pezziball:</u> Entspannungsmethode von Edmund Jacobson. Wechsel zwischen Anspannung und Entspannung bestimmter Muskelgruppen (Wolf, 2016). Rechte/ linke Faust, dann Bizeps anspannen und lösen, Schulter heben und senken, Schulterblätter hinten zusammen ziehen, lösen. Gesäßmuskeln, Oberschenken anspannen, indem versucht wird mit den Knien etwas wegzudrücken, lockern. Unterschenkel anspannen, indem die Füße leicht in den Boden gedrückt werden, lockern. Zum Schluss die Augen schließen, die Muskelgruppen gedanklich nochmal durch gehen und spüren ob die Muskeln noch angespannt sind oder entspannter sind als vorher. Ruhig und entspannt ein- und ausatmen. Die Atmung bewusst wahrnehmen.

<u>Yoga Einheit:</u>3x den Sonnengruß mit Verbindung des herabschauenden Hund, 3x die Kombination: Krieger II links, langsamer Übergang zum Yoga-Squat, Krieger II rechts. 3x den Sonnengruß mit Verbindung des herabschauenden Hund.

Ziele: Muskeln entspannen, Körperwahrnehmung schulen, Beweglichkeit fördern, Stressreduktion, Reduktion der Ängste, Linderung von Nacken- u. Rückenschmerzen.

Belastungsgefüge: Rede-Test, Progressive Muskelrelaxation: Jede Übung 5 Sec. anspannen, 10 Sec. entspannen, pro Muskelgruppe 3 Sätze.

Material: Pezzibälle, Matten

Cool-down (5 Minuten)

Inhalt: Abschlussmeditation

Ziele: Herz-Kreislaufsystem in den Ausgangszustand bringen, Entspannungstechnik kennenlernen, Stressreduktion, Beziehung zum Kind stärken.

Belastungsgefüge: Borg-Skala 6-7

Material: Matten, Kissen, Decken

Abschluss (5 Minuten)

Inhalt: Reflexion der Stunde, Ausblick auf die nächste Stunde, Hausaufgabe: Progressive Muskelrelaxation selbstständig zu Hause durchführen. Verabschiedung.

Ziele: Verinnerlichen und kognitives Festigen des Erlernten, Umsetzung in den Alltag, Interesse wecken für die folgende Stunde, Handlungskompetenz fördern.

Material: keine

Tabelle 13 6. Kurseinheit „Entspannung muss sein" (eigene Darstellung)

Begrüßung (5 Minuten)

Inhalt: Organisatorisches, Inhalte vorstellen, Ziele der Kurseinheit, Reflexion der letzten Kurseinheit, Wissensvermittlung: Erklärung was ist Koordination.

Ziele: Festigung des Erlernten der letzten Stunde, Einstimmen auf die kommende Stunde, Leistungsbereitschaft fördern.

Material: keins

Allgemeines + spezielles Warm-up (10 Minuten)

Inhalt: Progressive Muskelrelaxation wiederholen. Stunde in Barfuß oder Socken durchführen, um die Wahrnehmung zu schulen. Parkour durchlaufen mit unterschiedlichen Untergründen: Seile, Wippe, Therapiekreisel, Balance Pads. Variation: seitliche, rückwärts durchlaufen. TN bilden einen Kreis und laufen locker auf der Stelle. Arme locker mitschwingen. Schultern kreisen von vorne nach hinten, von hinten nach vorne. Knie hochziehen. Lockeres laufen auf der Stelle.

Ziele: Herz-Kreislaufsystem und Körpertemperatur langsam anregen, Vorbereitung auf die laufende Stunde, Verstehen was Koordination ist, Koordinationsfähigkeit und Wahrnehmung verbessern.

Belastungsgefüge: Rede-Test, Progressive Muskelrelaxation: Gleiche Muskelgruppen wie in der 6.Kurseinheit. Jede Übung 5 Sec. anspannen, 10 Sec. entspannen, pro Muskelgruppe 1 Satz.

Material: Pezzibälle, 3x Seile, 2x Wippe, 3x Therapiekreisel, 5x Balance Pads

Hauptteil (25 Minuten)

Inhalt: Zirkeltraining: Zu viert an eine Station. Dann nochmal zweier Teams bilden. Ein TN führt die Übung durch, der andere TN gibt Hilfestellung.

<u>Übungen:</u>

Ausfallschritt auf Balance Pad

Seitlicher Unterarmstütz. Beine auf Balance Trainer

Einbeinstand. Partner gegenüber stehen, Ball zu werfen. Variation: Untergrund verändern durch Balance Pad, Einbeinstand mit geschlossenen Augen.

Kniebeuge auf zwei Therapiekreisel: zwei Therapiekreisel liegen nebeneinander, jeweils ein Fuß mittig auf den Kreisel stellen. Stabilen Stand aufbauen. Kniebeuge kontrolliert, langsam durchführen.

Kombination von oberen und unterem Rudern am Schlingen Trainer.

Ziele: Wahrnehmung und Koordination verbessern, Rede-Test verinnerlichen, Gruppendynamik fördern.

Belastungsgefüge: Rede-Test, 1Min. Belastung, 1Min. Erholung, 2 Durchgänge

Material: Balance Pads, Balance Trainer, Therapiekreisel, Bälle, Schlingen Trainer, Matten, Bilder der Übungen für die Station

Cool-down (5 Minuten)

Inhalt: 3x Kombination: Krieger II links, langsamer Übergang zum Yoga-Squat, Krieger II rechts

Ziele: Herz-Kreislaufsystem in den Ausgangszustand bringen, Verinnerlichen und kognitives Festigen des Erlernten, Entspannung und Stressreduktion.

Belastungsgefüge: Rede-Test

Material: Matten

<table>
<tr><td>

Abschluss (5 Minuten)

Inhalt: Reflexion der Stunde, Ausblick auf die nächste Stunde, Verabschiedung.

Ziele: Verinnerlichen und kognitives Festigen des Erlernten, Umsetzung in den Alltag, Interesse wecken für Die folgende Stunde, Handlungskompetenz fördern.

Material: keins

</td></tr>
</table>

Tabelle 14 7. Kurseinheit „Koordination und Schwangerschaft"
(eigene Darstellung)

<table>
<tr><td>

Begrüßung (5 Minuten)

Inhalt: Organisatorisches, Inhalte vorstellen, Ziele der Kurseinheit, Reflexion der letzten Kurseinheit

Ziele: Festigung des Erlernten der letzten Stunde, Einstimmen auf die kommende Stunde, Leistungsbereitschaft fördern.

Material: keins

</td></tr>
<tr><td>

Allgemeines + spezielles Warm-up (10 Minuten)

Inhalt: Intensitätssteuerung über die Pulsuhren wiederholen.

Lockeres Gehen auf einer Stelle, Arme locker mitschwingen, Knie hochziehen. Lockeres Laufen auf der Stelle. Schultern mitkreisen, von vorne nach hinten, von hinten nach vorne. Kreisen der Handgelenke. Becken kreisen, Becken nach vorne und hinten kippen. Fußgelenke kreisen. Langsam zum Stehen kommen.

Ziele: Herz-Kreislaufsystem und Körpertemperatur langsam anregen, Vorbereitung auf die laufende Stunde, Mobilisierung der Gelenke.

Belastungsgefüge: Herzfrequenz: 30-50% max. Hf.

Material: Pulsuhren

</td></tr>
<tr><td>

5 Minuten Trinkpause, Herzfrequenz vergleichen, besprechen.

</td></tr>
<tr><td>

Hauptteil (30 Minuten)

Inhalt: Immer zwei Übungen im Wechsel.

<u>Tabata-Einheiten – Übungen</u>:

1. Ausfallschritt in Verbindung mit Seitenheben + Butterfly reverse mit Kurzhanteln

2. Hüftstrecker im Vierfüßlerstand (siehe 1.Kurseinheit) + Vierfüßlerstand, ein Arm vom Bauch seitlich Richtung Decke bewegen.

3. seitlicher Unterarmstütz + Liegestütz mit kurzen Hebel, Knie werden aufgesetzt

4. Kniebeuge mit Kurzhanteln + Nackendrücken mit Kurzhanteln

5. unteres Rudern mit Kurzhanteln + Trizeps drücken mit Kurzhanteln

Ziele: neue Trainingsform kennenlernen, Stärkung der Muskulatur, Koordination und Gruppendynamik fördern,

Belastungsgefüge: Herzfrequenz: 55-60% max. Hf., max. 140 Schläge pro Min., 5 Tabata-Einheiten, 20Sec. Belastung, 10Sec.Erholung, 8 Sätze, zwischen den Tabata-Einheiten 2Min. Erholung. Ausführung langsam, kontrolliert durchführen.

Material: Kurzhanteln, Matten, Bilder der Übungen für jeden TN.

</td></tr>
<tr><td>

Cool-down (5 Minuten)

Inhalt: Bewegungsspiel in der Halle. Belastungsreduktion von Laufen zum Gehen. Variation: vorwärts, rückwärts, seitwärts. Nach 30 Sec. wird die Musik gestoppt. Auf den TN den man zufällig trifft, findet ein kurzer Austausch statt. 1.Stopp „Wie hat Ihnen der Kurs gefallen?"; 2.Stopp „Was habe ich gelernt?"; 3.Stopp „Sind Schwanger-

</td></tr>
</table>

schaftsbeschwerden besser geworden?"; 4.Stopp „Gibt es Erleichterungen im Alltag?".

Ziele: Herz-Kreislaufsystem in den Ausgangszustand bringen, Gruppendynamik fördern, Reflexion der letzten acht Wochen.

Belastungsgefüge: Herzfrequenz: 30-50% max. Hf.

Material: keins

Abschluss (5 Minuten)

Inhalt: Reflexion der Stunde und der letzten acht Wochen. Feedback Runde im Kreis auf Gymnastikbällen.

Ziele: Verinnerlichen und kognitives Festigen des Erlernten.

Material: Gymnastikbälle

Tabelle 15 8. Kurseinheit „Fit durch Tabata"
(eigene Darstellung)

6 Diskussion

Das Kurskonzept kann die Kündigungen der schwangeren Frauen im Alter von dreißig Jahren auffangen und somit den Umsatzverlust reduzieren. Allerdings sollten die Kündigungsgründe der Mitglieder, durch Angabe der Kündigungsgründe, genauer analysiert werden. Vielleicht gibt es noch andere Gründe für die Frauen, außer der Schwangerschaft, den Verein zu verlassen. Ein weiterer Punkt der kritisch betrachtet werden muss, ist die Auslastungsmöglichkeiten des Kurses. Im Verein befinden sich in der Regel sportlich aktive Frauen und laut den Empfehlungen, können die aktiven Frauen in der Schwangerschaft durch kleine Anpassungen im Training, das eigene bestehende Training fortführen. Für das Kurskonzept bedeutet dies, dass es nicht unbedingt notwendig für die Schwangeren ist. Durchaus könnte es reichen, die Frauen mehr über Sport in der Schwangerschaft zu beraten und aufzuklären, um die Kündigungen der Schwangeren zu reduzieren. Jedoch kann das Kurskonzept besonders für ängstliche Frauen und Nichtmitgliedern als erster Schritt zum Sport in der Schwangerschaft dienen. Des Weiteren ist zu schauen, ob durchgängig der Break Even Point von vierzehn Teilnehmerinnen erreicht werden kann, da im Durchschnitt 2% der Bevölkerung schwangere Frauen sind (Stadt Rheine, 2014), von denen nochmals nur ein kleinerer Teil zum Sportverein kommen wird. Ein weiterer kritischer Punkt ist, dass das Kurskonzept über acht Wochen verläuft und eine Schwangerschaft neun Monate dauert. Um die Kündigungen nicht nur nach hinten zu verschieben, sondern wirklich zu reduzieren, bestehen zwei Möglichkeiten. Zum einen müssen die Frauen in der Lage sein, nach den acht Wochen im Kurs geeignete Sportarten im Verein auszuwählen, um weiterhin Sport treiben zu können. Die zweite Möglichkeit wäre, dass Angebot soweit auszubauen, dass die Frauen über die neun Monate am Kurs teilnehmen könnten. Es würde ein durchgängiges Programm geschaffen werden, bei dem schwangere Frauen jederzeit ein- und aussteigen könnten. Abwechslungen in den Kurseinheiten könnten durch das Nutzen des Fitnessstudios, Aquafitness oder Walking im Freien erreicht werden. Des Weiteren könnten Umsetzungsschwierigkeiten durch die Anamnese der Frauen auftreten. Schwangere könnten dies als zusätzlichen Aufwand sehen, wodurch eine Barriere entsteht. Zudem müssten mehr als eine Person im Verein die Beratungsgespräche mit den Schwangeren durchführen, da Krankheits- und Urlaubstage der eingeführten Schwangerschaftsbeauftragen berücksichtig werden müssen. Um möglichst viele schwangere Frauen für das Kurskonzept zu erreichen, ist es sinnvoll, wenn Ärzte besser im Bereich „Sport in der Schwangerschaft" geschult werden würden, damit mehr Frauen ermutigt werden und positiven Zuspruch bekommen sportlich aktiv zu sein. Wünschenswert wäre, dass besonders Nichtmitglieder durch den Kurs animiert werden, dass Bewegung Spaß macht und das Angebot im Verein vielseitig ist, um diese als Mitglieder zu gewinnen.

7 Zusammenfassung

Die These der Arbeit ist, ob ein Zusammenhang zwischen den Kündigungen der Mitgliederinnen im Alter von dreißig Jahren und der Schwangerschaft besteht. Die Kündigungen aus dem Jahr 2016 belegen, dass im gebärfähigen Alter von dreißig Jahren, die meisten Frauen kündigen und nur sehr wenige sich für eine Mitgliedschaft entscheiden. Für den Verein bedeutet dies Umsatzverluste durch verlorene Mitglieder und Mehrkosten durch zusätzliche Verwaltungsarbeiten für die Kündigungen. In der Arbeit wurde aus diesem Grund ein marktfähiges Kurskonzept für schwangere Frauen entwickelt, um den Kündigungen präventiv entgegen zu wirken, sich von der Konkurrenz abzugrenzen und einen Mitgliederzuwachs von Nichtmitgliedern zu fördern. Das Kurskonzept verläuft über acht Wochen, eine Einheit dauert 55 Minuten und ist anhand des aktuellen Forschungsstandes entwickelt worden. Das Kurskonzept beinhaltet die Schwerpunkte Ausdauer-, Kraftausdauer-, Koordinations-, Entspannungstraining, wie auch Haltungs- und Rückenschule. Durch diese Schwerpunkte sollen die wichtigsten Ziele für die Schwangeren wie u.a. Verbesserung der Schwangerschaftsbeschwerden, wie Rückenschmerzen oder Erleichterungen im Alltag optimiert werden. Das Kurskonzept wird von einer erfahrenden Kursleiterin mit einer Weiterbildung im Bereich Sport in der Schwangerschaft durchgeführt, um auf die Bedürfnisse der Frauen ideal eingehen zu können. Der aktuelle Forschungsstand zeigt, dass die Entwicklung der Geburtenzahl seit 1998 jährlich sinkt. Der Grund dafür ist, dass nur wenige Frauen im gebärfähigen Alter sind. Seit 2011 steigen die Geburtenzahlen wieder, weil die Anzahl der gebärfähigen Frauen u.a. durch die Zuwanderung steigt, aber auch die Familienpolitik bietet bessere Möglichkeiten, um Familie und Beruf zu verbinden. Schwangere Frauen durchlaufen zahlreiche psychologische und physiologische Veränderungen. Die größte sichtbare Veränderung ist das Heranwachsen des Bauches. Typische Beschwerden, wie Übelkeit, Müdigkeit oder Stimmungsschwankungen kennt fast jede Schwangere. Zu den physiologischen Veränderungen gehört auch die Veränderung der Stabilität der Band- und Halteapparate, diese werden unstabiler. Zusammen mit dem wachsenden Bauch, werden die Haltung und das Gleichgewicht negativ beeinflusst, was in den meisten Fällen zu Rückenschmerzen führt. Durch das Kind nehmen auch die metabolischen Anforderungen der Mutter zu. Um das Kind mit Nährstoffen und Sauerstoff ausreichend zu versorgen, muss das Herz-Kreislaufsystem der Mutter mehr leisten. In zahlreichen Studien konnte belegt werden, dass regelmäßige Bewegung positive Auswirkungen auf Mutter und Kind hat. Die typischen Beschwerden der

Mutter können reduziert werden. Die Geburten verlaufen für Mutter und Kind angenehmer, Schmerzen werden besser verkraftet und es werden weniger Kaiserschnitte durchgeführt. Auch Folgeerkrankungen im späteren Leben des Kindes, wie Übergewicht und Diabetes Mellitus sind geringer bei sportlichen Frauen. Im Jahr 2002 hat das American College of Obstetricians and Gynecologists Empfehlungen veröffentlicht, die bis heute noch Bestand haben. Laut den Empfehlungen werden 150 Minuten moderates Training über die Woche verteilt empfohlen. Um das Verletzungsrisiko für Mutter und Kind möglichst gering zu halten, wird von Sportarten, wie z.B. Kampf-, Sprung-, Mannschaftssportarten abgeraten. Sport im Wasser, Walken an der frischen Luft oder moderates Krafttraining sind dagegen geeignet. Die Empfehlungen gelten für gesunde und unkomplizierte Schwangerschaften. Frauen die eine Risikoschwangerschaft z.B. durch eine Zwillingsschwangerschaft haben, sollten vor Beginn des Sports mit einem Arzt Rücksprache halten. Bei akuten Beschwerden während des Trainings, wie z.B. Schwindel, Schmerzen oder Blutungen ist der Sport sofort abzubrechen und ein Arzt aufzusuchen. Treten Beschwerden im ersten Trimester während des Sportes auf, ist Sport in der Regel nicht der Auslöser dafür. Um möglichst viele Frauen von den positiven Effekten durch Sport in der Schwangerschaft zu überzeugen, sollten auch Gynäkologen in dem Gebiet besser geschult werden, um den Frauen in der Praxis die richtigen Empfehlungen auszusprechen. Die Schwangerschaft sollte für jede Frau eine Motivation sein, mit einem gesunden Lebensstil zu starten.

Literaturverzeichnis

Abaji, J. P., Moore, R. D., Labonté-Lemoyne, É., Curnier, D. & Ellemberg, D. (2016). Fetal heart rate variability following an acute bout of maternal exercise during pregnancy. *Medicine & Science in Sports & Exercise, 48*, 204.

Akbarzade M, Rafiee B, Asadi N & Zare N. (2015). The Effect of maternal relaxation training on reactivity of non-stress test, basal fetal heart rate, and number of fetal heart accelerations: A randomized controlled trial. *IJCBNM, 3* (1), 51-59.

Blott, M. (2010). *Alles über meine Schwangerschaft Tag für Tag.* München: Dorling Kindersley.

Borg, G. (2004). Anstrengungsempfinden und körperliche Aktivität. *Deutsches Ärtzeblatt, 101* (15), 1016-1021.

BSA Akademie. (2017). *Kursleiter/in Fit durch die Schwangerschaft.* Zugriff am 08.10.2017. Verfügbar unter https://www.bsa-akademie.de/lehrgaenge/fitness-gruppentraining/kursleiterin-fit-durch-die-schwangerschaft.html

Bundesärztekammer und Kassenärztliche Bundesvereinigung. (2014). *Thromboserisiko nach Schwangerschaft erhöht. Deutsches Ärzteblatt.* Zugriff am 30.09.2017. Verfügbar unter: https://www.aerzteblatt.de/nachrichten/57624/Thromboserisiko-nach-Schwangerschaft-erhoeht

Bundesverband der Frauenärzte e.V. (o.J.). *Schwangerschaft und Geburt.* Zugriff am 09.09.2017. Verfügbar unter: https://www.frauenaerzte-im-netz.de/de_kontakt-impressum_54.html

Caritasverband e.V. (2017). *Schwangerschaftsberatung.* Zugriff am 06.09.2017. Verfügbar unter: https://www.caritas-rhei-ne.de/hilfeundberatung/kinderjugendlicheundfamilien/kinderjugendundfamilienberatung/schwangerschaftsberatung/

Carta, D. (2016). Functional Training in der Schwangerschaft. *Functional Training Magazin,* (3), 44-45.

Datapharm. (2005). *Psychisches Erleben.* Zugriff am 11.09.2017. Verfügbar unter https://www.tk.de/tk/gesunde-schwangerschaft/hormone-und-stimmungen/psychisches-erleben/98206

Datapharm. (2005). *Sport und Fitness.* Zugriff am 11.09.2017. Verfügbar unter: https://www.tk.de/tk/die-schwangerschaft/gesunde-schwangerschaft/sport-und-fitness/98824

Datapharm. (2006). *Hormone und Stimmungen in der Schwangerschaft.* Zugriff am 11.09.2017. Verfügbar unter: https://www.tk.de/tk/die-schwangerschaft/gesunde-schwangerschaft/hormone-und-stimmungen/98192

Deutsche Gesellschaft für Ultraschall in der Medizin. (2012). Sport in der Schwangerschaft. *Deutsche Zeitschrift für Sportmedizin, 63* (11), 8-9.

Eipeltauer, S. (o.J.). *Beschwerden in der Schwangerschaft.* Zugriff am 01.10.2017. Verfügbar unter: https://www.schwanger.at/artikel/beschwerden-in-der-schwangerschaft.html

Engels, U., Lambeck, S. & Panitz, N. (2009). *Sport und Schwangerschaft. Vier bewährte Programme für Bewegung und Gesundheit.* Wiebelsheim: Limpert.

Falkowski, G. (2011). Gynäkologen haben Angst vor Klage. Schwangere bekommen nur wenige Informationen zum Thema Sport. *Deutsche Zeitschrift für Sportmedizin, 62* (5), 1-2.

Fischer, S. (2013). *Kompetenzliste.* Zugriff am 26.09.2017. Verfügbar unter http://www.sf-personalentwicklung.de/attachments/File/Kompetenzliste.pdf

Fokus. (2017). *Zahl der Neugeborenen nährt sich Niveau der Jahrtausendwende.* Zugriff am 07.09.2017. Verfügbar unter: https://www.destatis.de/DE/ZahlenFakten/ImFokus/Bevoelkerung/GeburtenanstiegUrsachen.html

Glaser, V. (2016). Die wichtigsten Strategien für Sport und Therapie in der Schwangerschaft. *physiopraxis, 14* (10), 50-51.

Google maps. (2017). *Google maps. Marktgebiet.* Zugriff am 08.09.2017. Verfügbar unter:
https://www.google.de/maps/place/Rheine/@52.2667721,7.4058828,1
2z/data=!3m1!4b1!4m5!3m4!1s0x47b832bbde52c3e1:0x97238b222f4a
4fe!8m2!3d52.2815691!4d7.4434092

Gumpert, P. (2016). *Progesteron.* Zugriff am 01.10.2017. Verfügbar unter:
https://www.dr-gumpert.de/html/progesteron.html

Gumpert, P. (2017). *Schwangerschaftshormone.* Zugriff am 30.09.2017. Verfügbar unter: https://www.dr-gumpert.de/html/schwangerschaftshormone.html

Haas, J. H. & Mitterbauer G. R. (2015). Sportphysio fragt nach...Experten antworten. Was bedeutet funktionelles Training für Sie? *Sportphysio, 1*, 7-14.

Hkk Krankenkasse. (oJ.) *Was ist Schwangerschaftsgymnastik?* Zugriff am 11.09.2017. Verfügbar unter:
https://www.hkk.de/forum/familienwelt/eltern_werden/neun_monate/schwangerschaftsgymnastik/

Höfer, S. & Szász, N. (2016). *Hebammen Gesundheitswissen. Für Schwangerschaft, Geburt und die Zeit danach.* (5. Aufl.). München: GRÄFER UND UNZER VERLAG.

Hooman Kamel, M. D., Babak, B., Navi, M. D., Sriram N., Hovsepian, D.A., Devereux R. B. & Elkind, M. D. (2014). Risk of a Thrombotic event after the 6-week postpartum period. *The New England journal of medicine, 370* (14), 1307-1315.

Hubert, B. (2015). *Grundlagen des operativen und strategischen Controllings. Konzeption, Instrumente und ihre Anwendung.* Wiesbaden: Springer Gabler.

Hummel, M. (2014). Diabetes und Schwangerschaft. Was alles zu beachten ist. *Deutsches Ärzteblatt,* 12-13.

Kaiser, T. & Kunz, A. (2014). *Wie Deutschland seine Geburtenrate steigern kann.* Zugriff am 08.09.2017. Verfügbar unter:
https://www.welt.de/wirtschaft/article128660883/Wie-Deutschland-seine-Geburtenrate-steigern-kann.html

Kessler, K. (2008). *Das Mami Buch. Schwangerschaft, Geburt und die zehn Monate danach.* Münster: Coppenrath.

Kittlas, V. (2015). *Typische Schwangerschaftsbeschwerden. Viele Schwangere leiden an Beschwerden wie Übelkeit und Müdigkeit.* Zugriff am 01.10.2017. Verfügbar unter: http://www.chirurgie-portal.de/gynaekologie/sw/swbe/be/typische-schwangerschaftsbeschwerden.html

Korsten-Reck, U. (2009). Sport für eine gesunde Schwangerschaft. *Deutsche Zeitschrift für Sportmedizin, 60* (12), 3.

Korsten-Reck, U., Marquardt, K. & Wurster, KG. (2009). Schwangerschaft und Sport. *Deutsche Zeitschrift für Sportmedizin,* 60 (5), 117-121.

Korsten-Reck, U. & Wanke, E. (2011). *Schwangerschaft und Sport.* Zugriff am 26.10.2017. Verfügbar unter: http://daten2.verwaltungsportal.de/dateien/seitengenerator/frauen_dgsp_flyer_schwangerschaft.pdf

Lamina, S. & Agbanusi, EC. (2013). Effect of aerobic exercise training on maternal weight gain in pregnancy: A Meta-Analysis of randomized controlled trials. *Ethiopian Journal of Health Sciences, 23* (1), 59-64.

Lehermayr, K. (2014). *Ängste in der Schwangerschaft.* Zugriff am 19.09.2017. Verfügbar unter https://www.netdoktor.at/familie/schwangerschaft/aengste-in-der-schwangerschaft-6824121

Lewis, E. (2014). Exercise in pregnancy. *Australian Family physician, 43* (8), 541-542.

Melzer, K., Schutz, Y., Boulvain, M. & Kayser, B. (2010). Physical Activity and Pregnancy. Cardiovascular Adaptations, Recommendations and Pregnancy Outcomes. *Sports Med,40,* (6), 493-507.

Muth, C.-M., Wendling, J., Tetzlaff, K. (2002). Tauchtauglichkeitsuntersuchungen bei Sporttauchern mit besonderer Berücksichtigung medizinischer Grenzfälle. *Deutsche Zeitschrift für Sportmedizin, 53* (6), 170-176.

Oberhoffer, R. (2010). Fetal Programming – ein Thema für die Sportmedizin? *Deutsche Zeitschrift für Sportmedizin, 61* (4), 83.

Pięta, B., Mieczysława, U. J., Wszołek, K. & Opala, T. (2014). Emotional changes occurring in women in pregnancy, parturition and lying-in period according to factors exerting an effect on a woman during the peripartum period. *Annals of agricultural and environmental medicine, 21* (3), 661-665.

Price, B. B., Amini, S. B. & Kappeler, K. (2012). Exercise in pregnancy: effect on fitness and obstetric outcomes-a randomized trial. *Med Sci Sports Exerc, 44* (12), 2263-2269.

print24. (2017). *Auskunft Flyer Kosten.* Zugriff am 08.09.2017. Verfügbar unter: https://print24.com/de/

Reimers, A. K. & Schwennicke, G. (2015). Analgetische Effekte körperlich-sportlicher Aktivität auf den Geburtenschmerz. *Deutsche Zeitschrift für Sportmedizin, 66* (9), 235-240.

Sadeghi, A., Sirati-Nir, M., Ebadi, A., Aliasgari, M. & Hajiamini, Z. (2015). The effect of progressive muscle relaxation on pregnant women's general health. *Iranian journal of nursing and midwifery research,20* (6), 655-660.

Soma-Pillay, P., Catherine, N.-P., Tolppanen, H., Mebazaa, A., Tolppanen, H., & Mebazaa, A. (2016). Physiological changes in pregnancy. *Cardiovascular Journal of Africa, 27*(2), 89–94.

Souron, S. (2013). Schwanger und Sport? Na klar! *Deutsche Zeitschrift für Sportmedizin, 64* (5), 3-4.

Stadt Rheine. (2014). *Bevölkerung. Rheine im Profil. Daten-Zahlen-Fakten. Infospiegel.* Zugriff am 24.10.2017. Verfügbar unter: http://ewg-rheine.de/2015/03/infospiegel-2015-neue-broschure-rheine-im-profil/

Stadtwerke-Rheine. (2015). *Fahrplanauskunft C4 Bustreff-Marienkirche.* Zugriff am 05.09.2017. Verfügbar unter http://www.stadtwerke-rheine.de/de/Stadtbus-und-Parken/Fahrplanauskunft/06575-VSR-Minifahrplan-C4.pdf

Stadtwerke-Rheine. (2015). *Fahrplanauskunft C11 Bustreff-Königsesch.* Zugriff am 05.09.2017. Verfügbar unter: http://www.stadtwerke-rheine.de/de/Stadtbus-und-Parken/Fahrplanauskunft/Minifahrplan-C11-062016-P01.pdf

Statistisches Bundesamt (2012). *Geburten in Deutschland.* Wiesbaden.

Statistisches Bundesamt. (2016). *Bevölkerung. Deutschland. Lebendgeborene und Gestorbene.* Zugriff am 07.09.2017. Verfügbar unter https://www.destatis.de/DE/ZahlenFakten/Indikatoren/LangeReihen/Bevoelkerung/lrbev04.html;jsessionid=6EC615A9AC75F384A62CE1C2BEBA15F3.cae3

Stauss, E. M., Kagan, K. O., Grischke, E. M., Kiefer, I. & Abele, H. (2009). Sport in der Schwangerschaft. *Geburtshilfe, 69,* 564-567.

Stadt Rheine (2017). *Marie und Ben führen die Liste an.* Zugriff am 24.10.2017 Verfügbar unter: https://www.rheine.de/magazin/artikel.php?artikel=10544&menuid=674&topmenu=669

Sulprizio, M., Kleinert, J., Jäger, L., Korsten-Reck, U., Löw, R., Mechery, V., Röttger, K., Schulte-Frei, B., Velde, C. & Wäscher, C. (2016). *Sport in der Schwangerschaft. Leitfaden für die geburtshilfliche und gynäkologische Beratung.* Berlin Heidelberg: Springer Berlin Heidelberg.

Szymanski, L. M. & Satin, A. J. (2012). Exercise during pregnancy: Fetal responses to current public health guidelines. *Obstetetrics Gynecology, 119* (3), 603-610.

The American College of Obstetricians and Gynecologists. (2015). Physical activity and exercise during pregnancy and the postpartum period. *Committee Opinion, 650,*1-8.

The American College of Obstetricians and Gynecologists. (2016). *fAQ119 Pregnancy.* Zugriff am 05.08.2017. Verfügbar unter https://www.acog.org//media/ForPatients/faq119.pdf?dmc=1&ts=20170606T1049369168

The American College of Sports Medicine. (2006). Impact of Physical Activity during Pregnancy and Postpartum on Chronic Disease Risk. *MEDICINE & SCIENCE IN SPORTS & EXERCISE,* 989-1006.

Tomasits, J. & Haber, P. (2016). *Leistungsphysiologie. Lehrbuch für Sport- und Physiotherapeuten und Trainer.* (5., erw. überarb. Aufl.). Berlin Heidelberg: Springer Berlin Heidelberg.

Tomczak, T., Kuß, A. & Reinecke, S. (2014) *Marketingplanung. Einführung in die marktorientierte Unternehmens- und Geschäftsfeldplanung.* (7.Aufl.). Wiesbaden: Springer Fachmedien.

Voigt, M., Straube, S., Zygmunt, M., Krafczyk, B., Schneider, K. T. M., Briese, V. (2008). Obesity and pregnancy--a risk profile. *Zeitschrift fur Geburtshilfe und Neonatologie, 212* (6), 201-205.

Voos, D. (2017). *Beta-HCG: ein Schwangerschaftshormon. Apotheken Umschau.* Zugriff am 30.09.2017. Verfügbar unter: http://www.apotheken-umschau.de/laborwerte/hcg

Weissgerber, T. L., Wolfe, L. A. Davies, G. A. L. (2004). Serial Physiological Changes During Pregnancy: Time Course of Changes in Plasma Proteins and Electrolytes. *Medicine & Science in Sports & Exercise, 36* (5), 34.

Wojtyla, A., Kapka-Skrzypczak, L., Paprzycki, P., Skrzypczak, M. & Biliński, P. (2012). Epidemiological studies in Poland on effect of physical activity of pregnant women on the health of offspring and future generations – adaptation of the hypothesis Development Origin of Health and Diseases. *Annals of Agricultural and Environmental Medicine, 19 (2), 315-326.*

Wolf, D. (2016). *Übungen der Progressiven Muskelentspannung nach Jacobson.* Zugriff am 09.10.2017. Verfügbar unter: https://www.palverlag.de/muskelentspannung-jacobson-durchfuehrung.html